Wien ist ganz anders

Wien ist ganz anders

Spezialitäten

Heinz Benzenstadler
(Text)
Wolfgang Bichler
(Fotos)

ISBN 3-224-10710-3

Satz: RSB Fotosatz, Wien
Druck: Berger, Horn

INHALT

Wien in Zahlen

(Auswahl)

AN STELLE EINES VORWORTES

***Geographische Lage** (von Greenwich):*	***Bevölkerung** 1988 (Tendenz sinkend):*
Östliche Länge 16° 21′ 25″	1,506.201 Einwohner (1981: 1,531.346);
Nördliche Breite 48° 14′ 57″	3.600 Einwohner pro km^2
Tiefster Punkt (Seehöhe): Lobau 151 m	davon: unter 15 Jahre: 203.518
Höchster Punkt: Hermannskogel 542 m	15–60 Jahre: 931.287
Fläche:	über 60 Jahre: 371.396
41.495,32 ha	Lebendgeborene : Verstorbene =
(davon 20.679 ha Grünfläche)	14.800 : 22.200
Umfang:	Zuwanderung : Abwanderung =
133 km	43.300 : 33.400

Diesen grundlegenden Angaben, die einer Stadtbeschreibung unbedingt vorangestellt werden müssen, soll nun eine bezeichnende Zahlenauswahl folgen, die dem Titel „Wien ist ganz anders“ gerecht werden und auch zum besseren Verständnis mancher nachfolgender Artikel beitragen soll.

Die genannte Ausdehnung beinhaltet 5.603,84 ha Verkehrsflächen (13,5%), die von 620.000 Kraftfahrzeugen, darunter 514.000 Pkws benutzt werden (Einpendler und Touristen natürlich ausgenommen). Ein Wiener Pkw steht also 3 Personen (laut Statistik) zur Verfügung – kein Haushalt ohne Auto?

Apropos Straßen: der längste Wiener Verkehrsweg ist die Höhenstraße (14.978 m), der kürzeste der Veilchenweg (14 m) im XIV. Gemeindebezirk.

Die folgenden Angaben stellen mehrjährige Mittelwerte (abgerundet) – teilweise mit Trendangaben – dar!

In Wien stehen ca. 660.000 unselbständig Beschäftigten 66.000 Arbeitsstätten zur Verfügung. Die Stadt Wien gibt 65.000 Personen (incl. Wiener Stadtwerke) Arbeit, davon sind 49.000 Beamte des Magistrats um das Wohl der Bevölkerung bemüht. 7.500 Ärzte und 21.732 Betten in 56 Spitälern und Pflegeheimen dienen den Lebenden, ebensoviele (56) Friedhöfe dokumentieren die Geschichte einer alten Metropole, im 19. Jahrhundert gebildet aus vielen selbständigen Gemeinwesen.
Um das geistliche Leben in Wien sind bemüht:

Römisch-katholische Kirche:
695 Priester in 234 Kirchen und 170 Kapellen (590.000 Beitragspflichtige, 1,000.000 Angehörige)

Evangelische Landeskirche (Augsb. und Helv. Bekenntnis):
100 Seelsorger in 26 Kirchen (69.000 Beitragspflichtige, 100.000 Angehörige)

Altkatholische Kirche:
29 Seelsorger und Religionslehrer in 6 Pfarrgemeinden (15.000)

Methodistenkirche:
7 Seelsorger in 4 Pfarrgemeinden (3.500)

Orthodoxe u. Griechisch-orientalische Kirche:
8 Seelsorger in 4 Gemeinden (800)

Israelitische Kultusgemeinde:
8 Seelsorger und 15 Religionslehrer; 1 Tempel, 11 Beträume (3.800)

Buddhistische Religionsgemeinschaft:
2 ständig anwesende Lamas für 3 Kultstätten (307)

Ohne Bekenntnis:
210.000 (Tendenz steigend)

Die schulische Erziehung wird von (gesamt) 18.500 Lehrpersonen wahrgenommen.
Verteilung nach Schultypen:

Pflichtschulen:
439 (9.000 Lehrpersonen, darunter 7.400 weiblich)

Berufsbildende Pflichtschulen:
38 (800)

Allgemeinbildende höhere Schulen:
85 (5.300; 3.500 weiblich)

Berufsbildende Mittel- u. höhere Schulen:
115 (3.000; 1.500 weiblich)

Hochschulen:
5 mit 102.000 Hörern

Kunsthochschulen:
3 mit 3.500 Hörern

Wissenschaftliche Bedienstete:
4.600 (800 weiblich)

An den 8 Wiener Hochschulen studieren 105.500 Hörer, davon 47.000 weibliche und 9.000 Ausländer. Jährlich schließen durchschnittlich 5.200 Studenten ihr Studium ab, davon 2.100 weibliche; ca. 670, davon 450 weibliche beenden die Ausbildung zum Lehrberuf.

Wien bietet 33 Theater an (jährlich durchschnittlich 3 Millionen Besucher); 128 Museen, Sammlungen u. ä. (jährlich ca. 6,000.000 Besucher). 113 Sportplätze, 372 öffentliche Bäder und (mit den kleineren Plätzen in Wohnhausanlagen) 2.032 Kinderspielplätze dienen der Jugend und Entspannung.

Jährlich besuchen 4,5 Millionen 98 Kinos. Dem berühmten Hunger und noch größeren Durst des Wieners stehen 6.326 Gastgewerbebetriebe zur Verfügung. Die 264 Buschenschenken (Heurigen) gehen in diesem Angebot fast unter.

Rund 70.000 Verkehrsunfälle mit durchschnittlich 9.000 Verletzten und 100 Toten im Stadtgebiet stellen ebenfalls denkwürdige Zahlen dar.

Rund 11 Millionen Fremde besuchen jährlich die Donaumetropole, darunter 7 Millionen Ausländer. Spitzenreiter sind die BRD (½ Million), Italien (240.000), USA (190.000) und seit 1987 Ungarn.

Zum Abschluß noch einige Zahlen, die das „besondere" Leben Wiens illustrieren sollen – ohne Reihenfolge, bunt gemischt (Durchschnittszahlen, abgerundet):

Im Stadtgebiet werden jährlich 17.600 Fußballspiele durchgeführt. Im Schönbrunner Tiergarten tummeln sich 750 Arten in 5.500 Exemplaren und lassen sich (jährlich) von 400.000 Besuchern (davon 100.000 Kindern) bewundern. 600 Ballveranstaltungen dienen den Tanzwütigen. Von 120.000 bekanntgewordenen strafbaren Handlungen werden rund 47.000 aufgeklärt. Jährlich werden 40.000 Gegenstände verloren (abgegebene), 20.000 davon angezeigt und 18.000 den Verlustträgern ausgefolgt. Rund 110.000 Fundgegenstände warten im Fundamt. 12.000 Vereine haben genügend Mitglieder, 280.000 Organstrafverfügungen bringen jährlich 33 Millionen Schilling an zusätzlichen Magistratseinkünften. Die Wiener Feuerwehr leistet 30.000 Einsätze. Und die Vergnügungssteuer lassen sich die Wiener jährlich 320 Millionen Schilling kosten.
Zum Bereich „Tier" ist noch zu bemerken, daß in Wien jährlich 100.000 kg Fische gefangen werden. Spitzenreiter ist der Karpfen (60.000 kg) vor Hecht (9.000 kg) und Barbe (5.000 kg). 500 Kaninchen, 90 Hasen und 100 Rehe werden jährlich von Autos erlegt, bei den Rehen ist dies ⅕ des „Gesamtabschusses".

55.000 angemeldete Hunde zeugen von Wiener Tierliebe; Katzen und andere Haustiere sind nicht eruierbar.

Abschließend einige Zahlen zum Genuß des Wieners! Jährlich trinkt er 1,3 Millionen Hektoliter Bier, erzeugt 35.000 Hektoliter Branntwein; die 1.300 Trafiken verkaufen 8 Millionen Stück Zigarren (433 Zentner), 4 Milliarden (38.983 Zentner) Zigaretten und setzen 5.200,400.000 öS um!
22.659 Hektoliter Wein werden in Wien selbst gekeltert, 375 Millionen Eier im Jahr (240 pro Einwohner) und 19.700 Tonnen „Henderl" verzehrt (13 kg pro Einwohner)!

Jetzt reicht's!

Das Wiener Blut

ENTWICKLUNGSGESCHICHTE EINES SCHWIERIGEN MENSCHENSCHLAGES

In der auf Wien bezogenen Literatur der letzten Jahrhunderte ist der Wiener (und besonders die Wienerin) Gegenstand begeisterter Lobeshymnen. Die Kontaktfreudigkeit, Höflichkeit und das Entgegenkommen Fremden gegenüber sowie der „ebenmäßige Körperbau, die makellose Haut und ein angenehmes Gesicht" sind die – manchen Einheimischen seltsam anmutenden – Charakteristika.

Daß fast jedem Ausländer irgendein angenehmer Bezugspunkt zur Spezies Viennensis auffällt, wird mit der Vermischung zahlreicher völkischer Merkmale aus der k. u. k.-Monarchie erklärt. Der gelernte Wiener jedoch schmunzelt zu diesen Darlegungen geheimnisvoll und verweist auf die gottgegebene Lage Wiens am Schnittpunkt der wichtigsten transeuropäischen Verkehrswege in alle Hauptthimmelsrichtungen. Weiters verhilft ihm die nachzuweisende Anwesenheit von Menschen ab ca. 8000 (andere Vermutungen ab 10000) vor unserer Zeitrechnung zu einem gewissen Mythos. Da die Bevölkerung dieser Epoche weder völkisch noch sprachlich (wegen fehlender Belege) einzuordnen ist, können für ihn diese Jäger, Sammler und Fischer auf den fruchtbaren Terrassen, den bewaldeten Flußniederungen und dem von warmen Wunderquellen umgebenen Tal auch nur wundersamen Ursprungs sein. Für einen Stadtbewohner, zu dem heute noch die Engerln auf Urlaub kommen und der „liabe Herrgott a Weana g'wes'n sei' muß", ist die himmlische Grundlage dieses Volkes kein Diskussionsthema.

Tauchen wir jedoch etwas tiefer in die geschichtlichen Tatsachen, fallen fast unglaubliche Realitäten auf. Dieser einzigartige Schmelztiegel nahm so viele Rassen auf, daß sich der Nachfahre wahrlich als Erbe des Besten aller Völker rühmen kann. In Form einer historischen Auflistung kommen wir diesem WWW (Wiener Wunder-Wesen) auf die genetischen Spuren.

Die erste, nicht benennbare Besiedlung (göttlichen Ursprungs?) mit ihrer Linearkeramik (Funde im heutigen XIII. und XIX. Bezirk) verschmolz mit den indogermanischen Einwanderern (3000–2000 v. Chr.), die das Kupfer als Werkstoff mitbrachten. Zwischen 10000 und 5000 v. Chr. bildeten Jäger, Sammler und Fischer erste Dauerbesiedlungen bäuerlicher Art. Während des Neolithikums (Jungsteinzeit) ist das Wiental bereits ein frequentierter Durchzugsweg. Diese Durchzüge haben bestimmt auch ihre genetischen Spuren hinterlassen.

Funde aus 3000–1000 v. Chr. lassen auf nichtindogermanische Siedler (Glockenbecherleute) schließen.

In der Bronzezeit sind Durchzüge jüdischer Händler anzunehmen. Die Illyrer (Hallstattkultur) „veredelten" weiter die schon bunt gemischte Erbmasse.

400 v. Chr. fraternisierten sich die Kelten mit bodenständigen Einwohnern und besonders der Stamm der Bojer (100 v. Chr.) legte den Grund zur späteren Sympathie mit den Baiern und schufen Noricum. Der indogermanische Stamm der Daker besetzte das Gebiet und durchsetzte die Einheimischen. 16–15 v. Chr. erschienen die Römer und besetzten Noricum. Die römischen Söldnerheere (zuerst unter Tiberius und Drusus) brachten „frisches Blut" in unser Gebiet ein.

Regiment Ala Sulpicia (weltumspannend) und Britannica lassen den Erbmassezuwachs erahnen, da 70 n. Chr. Vindobona zum Reiterlager und unter Trajan 100 n. Chr. zum Kastell wurde, das im Gebiet des Rennwegs seine Zivilstadt hatte. In dieser lebten die nicht legalisierten Lebensgefährtinnen der Soldaten, die sich zumeist aus der Stammbevölkerung rekrutierten. 105–114 lag hier auch die XIV. Legion „Germania", als Ahnentruppe der „Deutschmeister" kaum benennbar.

Handwerker aus allen römischen Provinzen ließen sich nach dem 14jährigen Söldnerdienst nieder, wurden Handwerker, Landwirte, Weinhauer und bildeten die Grundlage der beabsichtigten Romanisierung des Landstriches.

Die germanischen Markomannen und Quaden wurden als Klientelvölker integriert. Aber nun – ab 300 – zeigte der Schmelztiegel Mitteleuropas erst seine Qualitäten als Auffanglager von Flüchtlingen, Verfolgern und Eroberern.

Die iranischen Nomadenvölker der Alanen und sarmatischen Jazygen nützten die traditionelle Offenheit für ostische Einflüsse, fraternisierte sich um 400 gewaltsam mit den Goten, mischten sich mit den ostgermanischen Vandalen, ertrugen einen Durchzug der Ostgoten und Gepiden und verschwanden völkisch während der Besetzung durch die Westgoten (407). Von 433–455 lebten hier die Hunnen und wichen 455 den Ostgoten. Rugier und Heruler erkundeten um 500 die Reize der Wienerinnen und vermischten das Erbgut 548–568 mit dem der Langobarden. Dem k. u. k.-Gemisch späterer Zeiten wurde durch die türkischen Awaren (570), die Slawen und Skiren (um 600) und 788 durch den Einzug der bereits erbmäßig vertretenen Bajuwaren (baierischen Siedlern) die Basis vorexerziert. 881 fielen die aus Westsibirien stammenden finnisch-ugrischen Magyaren ein. Ab 907 war Wien magyarisch – späteren Geschehnissen sehr ähnlich.

Die Heiratspolitik der Babenberger, Mitbringsel von den Kreuzzügen und der ständige Zugang von Landbevölkerung[1] sowie die Niederlassung aus Handelsgründen von Menschen der hamitischen und semitischen Sprachgruppen schufen eine Tradition, die Wien bis heute prägt und ein „Alles schon dagewesen" als Notschrei in der Konfrontation mit fremdsprachigen Gruppen entströmen läßt.

[1] „Stadtluft macht frei" – Leibeigene, die in die Stadt zogen und von ihren Herren nicht binnen eines Jahres zurückgefordert wurden, waren frei.

Ein echter Wiener geht nicht unter

Der sprichwörtliche „Wiener" ist keine Person, sondern ein Zustand. Er hat alle Eigenschaften, die er will und keine, die er nicht möchte. Das Erbgut der zahllosen Völkerschaften, die in der älteren und neueren Geschichte den Wiener Raum streiften, ist in ihm vereint, und er weiß keinen typischen Bewohner einer anderen Stadt, der ihm auch nur im entferntesten das Wasser reichen könnte. Sparen ist für ihn ein nicht definierbarer Begriff, vom Punkt Null aus eine Existenz zu gründen keine Seltenheit. Sein Magen ist robust, sportliche Betätigung bis zu einem gewissen Punkt, der keine übermenschlichen Anstrengungen erfordert, selbstverständlich, mangelndes Kapital kompensiert er mit Phantasie, Einfallsreichtum, psychischer Energie und zweckdienliche Faulheit. Der traditionelle Vertreter der Spezies Vienniensis hat eine handwerkliche Ausbildung, heiratet in seinen Kreisen, setzt die Familienlinie mit ausreichendem Nachwuchs fort und läßt sich gerne unter die Arme greifen. Er bevorzugt Gesellschaft und Geselligkeit, hat einen Freundeskreis aus allen Schichten, wählt sich diesen aber spontan aus und ist mit ihm bedingungslos verbunden. Seine Begeisterungsfähigkeit fordert Dämpfer geradezu heraus. Diese erhält er meist von seinen „Spezerln" (abgeleitet von lat. species = Art, Gattung) und ist gewöhnlich ganz froh darüber. Seine „Freunderln" (wieder dieser Hang zur Verkleinerungsform in der Wiener Sprachmentalität!) dürfen seinen Namen in fremdsprachliche Formen übersetzen und so dessen Träger einer eindeutigen Definition zuführen. Es gibt dann eben nur einen „Charly", dessen Familienname unwesentlich wird, da ihn dieses Synonym ganz genau bezeichnet und nur für ihn geprägt wird.

So geht es auch dem Berger „Charly", getauften Karl, der als nicht untergehenkönnender Wiener 1948 in der „Grafschaft" Döbling geboren wurde. Schon seine Eltern vereinigten in sich die angeführten Eigenschaften und sein Vater Karl war Eisenbahner, seine Mutter Anna Näherin. Rund 1840 im Telefonbuch eingetragene Bergers zeugen von der starken Vertretung dieses Namens in Wien. Nach Volks- und Hauptschule, die er seiner eigenen Aussage nach lebhaft, sportlich, lustig und faul absolvierte, lernte er das Handwerk des Installateurs und besuchte

Wunschdomizil eines echten Wieners

die unvermeidliche Berufsschule in der Mollardgasse. Gleichzeitig ballesterte er bei verschiedenen Sportvereinen wie SV Siebenhirten, bei dem er unter dem bekannten Teamfußballer Hammerl das Kicken studierte. Unter dem Bronzemedaillengewinner der Weltmeisterschaft 1954 Alfred Körner spielte er bei Wienerberger in der Regionalliga Ost (!!!Sturmspitze mit der Nr. 9!!!) von 1969 bis 1972. Er wurde in die Wiener Auswahl und das österreichische Olympiateam berufen, in dem er vom legendären Teamchef Stastny und dessen Kotrainer Fachlehrer Schmidt trainiert wurde. Daß ein echter Wiener Simmering kennenlernen muß, ist ein Faktum, und so spielte er beim Simmeringer Sportverein und wurde 1973 mit ihm Meister. FAC und HAC waren weitere Stationen seiner fußballerischen Laufbahn.

Bereits 1970 heiratete er Theresia Huber und mußte langsam darangehen, seine Sturm- und Drangperiode in gefestigte Bahnen zu lenken. Nach der Geburt seiner Söhne Thomas (1970) und Jürgen (1973) war die Zeit reif, sich nach etwas Fixem umzusehen. Der Drang zum Unternehmer ist jedem Wiener Original eigen. Auch Charly fühlte in sich die Befähigung zu Höherem. Schon zahlreiche Wiener hatten ihr Glück auswärts gefunden, und so beschloß er, diesen Vorbildern nachzueifern.

„Der Berger" warf sein Augenmerk auf den Geburtsort seiner Gattin, auf Rauris. Ohne Kapital kaufte er ein zentral gelegenes Grundstück, begann 1975 mit dem Bau einer Pension und ließ am 15. 12. 1976 die große Eröffnungsfeier steigen. Risikofreudigkeit und grenzenloser Optimismus wurden von den elterlichen Freunden seiner Gattin, Herrn Pless und dessen Gattin Dorothea voll unterstützt. Bereits 1984 wurde das Haus umgebaut, erweitert und nach seiner Gattin Komfort-Pension „Theresa“ getauft.

Obwohl er sich als Wiener, der im innerösterreichischen Ausland ja immer schon mit gewisser Vorsicht genossen wird, erst allmählich in die typische Salzburger Dorfgemeinschaft integrieren konnte (dabei half ihm besonders sein Einsatz in der Rauriser Fußballmannschaft), erhielt seine Unternehmungslust immer neue Impulse. 1987 kaufte er eine Liegenschaft in Bucheben nahe dem Schluß des Rauriser Tales und durch Um-, Zu- und Ausbau entstand der Gasthof „Goldgrube“. Seinen Namen erhielt er durch die Goldbautradition des Tales und die Errichtung von „Charlys Claime“ (einem Gebiet zum Goldwaschen) war die Folge. Weiters befinden sich auf dem weitläufigen Areal Spiel- und Fußballplatz sowie weitere Freizeit- und Sporteinrichtungen, die von verschiedenen Klubs wie Helford, Slowan HAC, Wiener Sportclub und anderen als Erholungs- und Trainigungsaufenthalte genützt werden. Frühere Fußballgrößen wie Körner I und II, Argauer, Binder, „Wembley-Toni“ Fritsch und andere waren und sind gerne seine Gäste – und seine Spezialitäten wie Ritteressen, Filet auf Stein erfreuen sich größter Beliebtheit.

Typisch für den Exilwiener ist, daß seine Speisekarte vom „Altwiener Reindlrostbraten mit Butternudeln und Gemüse“ angeführt wird. Seine in die Wiener Wiege gelegte grenzenlose Zukunftsgläubigkeit äußert sich auch in der Geburt seines 1982 geborenen Nachzüglers Manuel, dem er nach der handwerklichen Ausbildung seiner Söhne (Thomas – Koch, Jürgen – Installateur) die Professorenlaufbahn vorzeichnen will.

Entgegen seiner jugendlichen Verhaltensweisen wurde Karl Berger zum Arbeitsfanatiker, der die Wiener Devise von „Geld ist gut, aber es erzeugt Bequemlichkeit; ‚Barawern‘ ist besser, denn es bringt Geld“ in die Tat umsetzt.

Für seine Maxime, daß der Gastwirtberuf das Schönste der Welt ist, reißt er sich für jeden Besucher „die Hax’n aus“, verzichtet auf Schlaf und Bequemlichkeit und will jeden Schifahrer, Sommergast und Zufallsbesucher das Gefühl geben, in allen Bereichen wie ein König behandelt zu werden.

Für die Koordination seines Imperiums richtete er ein Gästebüro ein, das jeder Wiener und auch andersgläubige Österreicher unter der Telefonnummer 0 65 44/73 27 für die Ankündigung seines Besuches beim „Charly“ erreichen kann und außer Erholung auch ein Original finden wird, das, steht ihm auch das Wasser bis zum Hals, immer noch eine Unterlage finden wird, die ein Untergehen verhindert.

Die ganz andere Zeittafel

Abkürzungen: G = Gründung, N = Nennung, Na = Nachweis, u = urkundlich

VOR CHRISTUS

10000	Erstes Auftreten von Menschen unbekannter Herkunft (Hinweis auf Mammutjäger in Heiligenstadt). Linearkeramik, Fundstellen Leopoldau, Aspern, XIII., XIX. Bezirk.
8000–5000	Seßhaftwerdung („Berg"-Siedlungen Leopoldsberg, Leopoldau u. a.) der Urbevölkerung (Rind, Ziege, Schaf, Schwein als Haustiere).
ab 5000	Bäuerliche Dauersiedlungen.
4000–2000	Donauländische Kultur, Pferd wird gezähmt.
1900	Frühe Bronzezeit, Einwanderung (iberische „Glockenbecherkultur").
1500	Besiedlung Innenstadtgebiet (Stadtterrasse), Händlerdurchzug (Orient) Nord-Süd.
ab 1060	Durchgehende Dauerbesiedlung Wiental.
800–400	Illyrer wandern ein, Beginn Eisenzeit (Eisen auf Wiener Boden). Fürstensitz Leopoldsberg. Reger Handel.
400	Einbruch der Kelten, G Noricum.

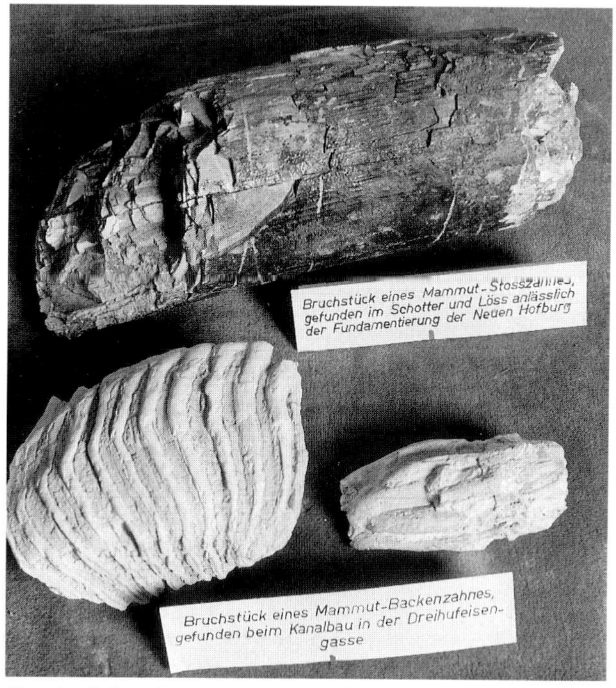

Bruchstücke eines Mammut-Stoßzahnes

300	Röm. Handelsverkehr mit Noricum.
100	Röm. Truppen im Wiener Raum.
ab 15	Röm. Provinz, röm. Legionen mit Söldnern aus allen röm. Gebieten (Iberien, Gallien, Britannien, Niederrhein etc.).

NACH CHRISTUS

172	Erste christliche Spuren, Rheumakuren röm. Legionäre bei den Schwefelquellen: Heiligenstädter-Park, Meidling, Kurbetrieb in Baden, Weinbau im Gebiet Gumpendorf–Mariahilf durch röm. Veteranen.
um 400	„Vindobona“ letztmalig erwähnt.
nach 450	Erste christliche Kirche (Rupertkirche) (→ 792).
460	Einführung der ersten Kirchensteuer (Hl. Severin, Zehent).
ca. 450–482	Erste Christianisierung.
560	Namensnennung „VINDOMINA“ (= An den Mauern Vindobonas).
um 792	Zweite christliche Kirche (Peterskirche), nach div. Quellen schon als erste Wiener Kirche nach 350 angenommen.
881	Erste Erwähnung „Weniam“ (Stadt oder Fluß?).
907	Wien ist magyarisch (→ 1988).
976–1094	Babenberger in Wien.
1030	Namensnennung „VIENNI“.
1050	Vereinigung Böhmen–Ungarn–Österr. Mark.
1137	Erste u Stadtbezeichnung WIENNa (erstes Zeugnis der Ablösung des Stadt-Namens Vindobona) Bezeichnung „civitas“.
1147	Einweihung der ältesten Stephanskirche (passauisch).
1160	Stapelrecht, Aufenthalt von Händlern führt zur Gründung (um 1190) von eigenen Händlerhöfen. Einwohner: 20.000.
2. Juli 1162	Erste Erwähnung „Wiener Prater“.
1172	Bezeichnung „civitas metropolitana“ („Weltstadt“).
um 1190	Ablehnung des „Welschen Papsttums“.
1192	Richard Löwenherz in Erdberg gefangengenommen.
ca. 1198	Ältestes Wiener Stadtrecht.

Das iſt die Handfeſte Friedrichs, Kaiſers von Rom, Kunig von Jeruſalem und Sizilien: Wir erheben die Stadt und die Bürger mit der Hilf der rechten, mächtigen Hand und haben ſie genommen in unſere und des reiches Gewalt ewiglich und unwiderruflich, ſo daß ſie fürbaß behalten werden in unſerer Kunigen und kaiſer und unſerer nachkommen Händen, und daß ſie nimmer aus unſerer und des reiches Gewalt komme, ſondern bewahrt werde mit unſerer Mächtigkeit durch Handfeſten der Freiheit, als zu einem Pfand ihrer treue.

1204	Erster Nachweis „Wiener Pfennig", Stadtrecht für Wien durch Leopold VI.; Hausbesitzer werden bei Feuerausbruch mit Strafen belegt.
1221	„Kipfen" in Wien nachweisbar (in gerader Form), etwas später gebogen durch Ausnutzung Backraum.
um 1240	Walther von der Vogelweide wettert gegen Schulwesen.
1298	Erster Christkindlmarkt (u).
1310	Lateinschule Schottenkloster; Stock im Eisen (älter als Stephanskirche!), Schloß und Reif 1575, Rankenwerk 1891.
1324	Wienerwald (erste uN).
1334	Erste Orgel Stephanskirche.
1336–1349	Naturkatastrophen (Heuschrekkenplage).
1354	Erster Apotheker (u).
1365	Gründung Wiener Universität.
1382	Erstes Scharlachrennen (Innenstadt bis Rennweg; Siegespreis: ein scharlachrotes Tuch); Vorgänger Wiener Stadtlauf.
1385 u. 1389	Schulgrundgesetze (gültig bis 1555).
um 1400	Gründung einer „Liberey im Turm" (Stadtbibliothek), 1430 erste uN.
1401	Erste uN Kärntnertor.
1439	Erste Donaubrücke (am Tabor).
1446	5 Schulen in Wien (Universität, St. Stephan, Bürgerspital, St. Michael, Schotten).
1452	„Spinnerin am Kreuz" errichtet.
1454	Erste wirksame Feuerordnung (Bader, Brauer besorgen Wasser; Maurer, Rauchfangkehrer, Zimmerer bekämpfen Feuer).
1461	Neues Wappen von Friedrich III.
1468	Wien wird Bischofssitz (u).
1469	Wien wird Bistum (bisher Passau).
1498	Na Kapellknaben (Vorläufer Wiener Sängerknaben).
1510 u. 1516	Verbot für Neuanlegung von Weingärten.
1513/14	„Lateinischer Krieg" – Studentenkrawalle.
1534	Türmer zu St. Stephan als Feuerwache eingesetzt (Dienstposten erst 1956 aufgehoben).

Türmerstube zu St. Stephan

1540 uN eines „MAGISTER SANITARIS“ (Leiter des Stadtgesundheitswesens), Vorläufer des Stadtrates für Medizin (Gesundheit).

1547 Lobspruch auf Wien von Wolfgang Schmeltzl.

um 1550 Erste Trinkwasserleitung.

1556 G Lainzer Tiergarten.

1572 G Spanischer Reitstall, Vorläufer Spanische Hofreitschule.

1576 Der als Lehrer berufene Botaniker Clusius bringt die Roßkastanie nach Wien, heute meistverbreiteter Alleebaum.

1578 Gottesdienst und Schulen der Protestanten verboten.

1586 Erste Uhr am Stephansturm. Schlägt nur Viertel-, nicht volle Stunden (von Hand angeschla-

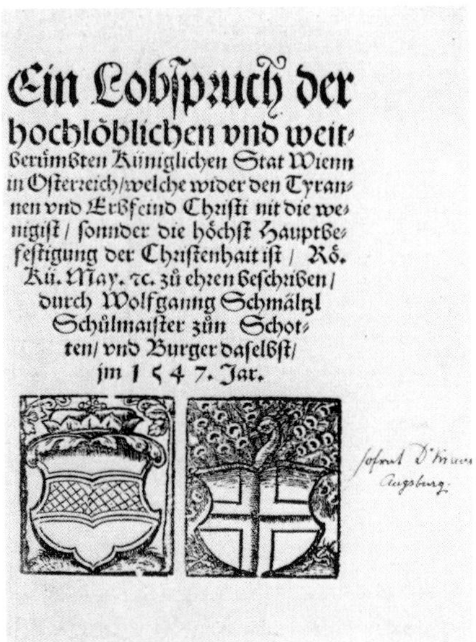
Ein Lobspruch der
hochlöblichen vnd weit-
berümbten Küniglichen Stat Wienn
in Osterreich/welche wider den Tyran-
nen vnd Erbfeind Christi nit die we-
nigist/ sonnder die höchst Hauptbe-
festigung der Christenhait ist/ Rö.
Kü. May. rc. zů ehren beschriben/
durch Wolfganng Schmältzl
Schůlmaister zůn Schot-
ten/ vnd Burger daselbst/
jm 1547. Jar.

Lobspruch auf Wien

Der Lainzer Tiergarten – die „grüne“ Lunge Wiens

gen; dadurch Kontrolle der Wachsamkeit des Türmers).

1589 Flieder in Wien eingeführt.

1594 Jesuitenkolleg zählt 800 Zöglinge (Universität 80 Studenten!).

1621 Meisterzählung: 1319 Zunftbetriebe (→ Frauen in Wien). Meisterwürde nur durch Einheirat möglich (kaum Erbfolge aus Altersgründen); Wandergesellentum.

1623 Jesuiten übernehmen Wiener Universität.

1627 Alle protestantischen Lehrer aus Wien ausgewiesen.

1631 Wien wird Fürstbistum (← 1469).

1645 Schweden in Wien.

um 1650	Billard eingeführt; Rauch- und Schnupftabak setzen sich durch.
1656	Aufenthalts-Erlaubnisschein für Protestanten und Juden eingeführt.
1675	Erste Mädchenschule bei den Ursulinen.
17. 1. 1685	Erstes Kaffeeausschankprivileg an Johannes Deodato, Armenier (fälschlich für Griechen gehalten).
1687	Erste Straßenbeleuchtung.
1689	Einführung der Sesselträger (Taxivorläufer).
1694	Erster Ankauf einer Feuerlöschspritze (erfunden 1672) (← 1454).

Pferdegezogene Feuerwehrspritze

1695	Erste Wiener Stadtpolizei („Rumorwache") (im Gegenzug „Warnwache" der Bettlergilde).
ab 1697	Gewerbe der Kaffee-Siederei begründet.
1700	Erste Seidenmanufaktur (Neubau).
1701	Erstes gedrucktes Wiener Häuserverzeichnis (Autor: Johann Jordan, von Beruf natürlich – Briefträger).
1701	Siedlung Fünfhaus (bis 1751 tatsächlich nur aus 5 Häusern bestehend).
1703	Wienerisches Diarium (→ 1780 Wiener Zeitung).

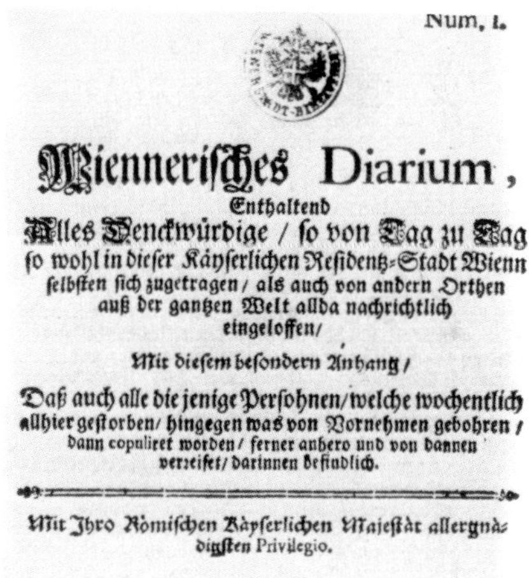

Num, 1.

Wiennerisches Diarium,
Enthaltend
Alles Denckwürdige / so von Tag zu Tag
so wohl in dieser Käyserlichen Residentz-Stadt Wienn
selbsten sich zugetragen / als auch von andern Orthen
auß der gantzen Welt allda nachrichtlich
eingeloffen /
Mit diesem besondern Anhang /
Daß auch alle die jenige Persohnen / welche wochentlich
allhier gestorben / hingegen was von Vornehmen gebohren /
dann copuliret worden / ferner anhero und von dannen
verreiset / darinnen befindlich.

Mit Jhro Römischen Käyserlichen Majestät allergnädigsten Privilegio.

Wienerisches Diarium, Ausgabe 1

1704	Linienwall-Errichtung (heute Gürtel).
1707	Versatz- und Fragamt (Annagasse) Zinsfuß: Gold, Silber, Juwelen 10⅚%; Kleider, Bilder, andere Waren 21⅔%; Kürschnerwaren und Bettwäsche wurden nicht angenommen; → 1788.
1722	Wien wird Erzbistum.
1725	G Akademie der bildenden Künste (Karl VI.).

21. 10. 1751	Erste privilegierte Lottoziehung in Österreich (Gewinnummern: 26, 31, 53, 11, 74).
13. 2. 1754	Erste Volkszählung („SEELEN-KONSIGNATION") – Wien und Vorstädte (ohne Garnison): 175.609 Einwohner (innerhalb Linienwall).
1755	G Universitätssternwarte.
14. 8. 1761	G Wiener Börse.
1762	Erste Wiener Wochenschrift „DIE WELT".
1763	Erste Bandfabrik (Penzing).
7. 4. 1766	Prater allgemein benutzbar.
1770	Durchgehende Hausnumerierung (Voraussetzung: Schulpflicht) Beseitigung Analphabetentum.
1771	Erste Normalschule (für Lehrerbildung); Erste Konzertgesellschaft „Tonkünstler-Societät".

Vom Hauszeichen zur Hausnummer

1780	„Wiener Diarium" (G ← 1703) wird „Wiener Zeitung".
1782	Straßen müssen am Anfang und Ende gekennzeichnet werden.
3. 8. 1783	Erste Wiener Tageszeitung „Das Wienerblättchen" (bis 1786).
1783	Deutsch wird gesetzliche Unterrichtssprache.
1784	G Österreichische Tabakregie (Monopol seit 1662 verpachtet). Erste Speisekarte („Zum Roten Apfel", Singerstraße 3).
1784	Erster Ballonflug „am Seil" (4 Mann Besatzung) durch Stuwer (→ 1791).
8. 3. 1786	Der Hut von Kaiser Josef II. wird im Fragamt nicht als Versatzstück angenommen (2 Gulden), Reorganisation und Bürgernähe wegen dieser „schikanösen Behandlung".
1. 11. 1786	Erstes Allgemeines Bürgerliches Gesetzbuch.
1787	Erstes Wiener Witzblatt („Der Spaßvogel"), Todesstrafe zivil abgeschafft (nur noch Standrecht), → 1803.
1788	Versatz- und Fragamt übersiedelt in das aufgehobene Dorotheerkloster (Dorotheergasse) und wird allmählich zur „Tante Dorothee" (← 1707).
um 1788	Kaiser Joseph II. wird gewaltsam aus dem Gasthaus „Zum Steinernen Löwen" (Gutenberggasse 13) nach Besuch bei der Prostitu-

„Aus diesem Haus in hohem Bogen ist Kaiser Joseph hinausgeflogen“

	ierten „Sonnefelswaberl“ auf die Straße geworfen.
um 1790	Erstes Götz-Zitat – (das bekannte!) Denkmal Palais Trattner (→ 1931).
1791	Erster Ballonfreiflug durch Blanchard (← 1784).
1795	Verbot von Fabriksgründungen in Wien.
1797	Erste Aufführung des Kaiserliedes (J. Haydn), Text von Lorenz Leopold Haschka.
4. 5. 1802	Lebenslanger Militärdienst wird auf 14 Jahre beschränkt.
15. 7. 1803	G Rettungsanstalt (für „plötzlich Verunglückte und totscheinende Menschen“).
3. 9. 1803	Zivile Todesstrafe wird wieder eingeführt (← 1787).
Dez. 1804	G Hof- und Staatsdruckerei.
1805	„Frankfurter Würstl“ erstmals in Wien.
16. 3. 1809	Die Gattenmörderin T. Kandl wird als erste Frau in Wien gehängt (Volksfestcharakter).
1811	Staatsbankrott, Geldentwertung.
1814	Weinskandal, erstes gesetzliches Verbot von Kunstwein.
1817	Erste Erdölgewinnung von Wien aus (durch k. u. k.-Beamten Josef Hecker) in Galizien angeordnet.
1820	Joseph Haydn wird exhumiert, um nach Eisenstadt überführt zu werden – ohne Kopf, da dieser gestohlen wurde; wird mit falschem Schädel (Skandal wird vertuscht) bestattet; richtiger Schädel wird später im Wiener Musikverein gefunden und in der Folge gegen den anderen ausgetauscht.
1822	Zündholz durch Weilhöffer erfunden.
1825	Erster öffentlicher (Pferde-)Omnibus (Wien–Hietzing).
1830	DDSG-Verkehr Wien–Budapest.
1836	Erste aufklebbare Briefmarke erfunden (Lorenz Koschler; Vorschlag abgelehnt, → 1850).
1837	Dampfeisenbahn Floridsdorf–Deutsch-Wagram.
1848	„Die Menschenrechte des Arbeiters“.
Dez. 1848	Johann Strauß angeklagt (Spielen der Marsellaise).
um 1850	Erste Briefmarken (Thurn u. Taxis-Post), ← 1836.

Im Inneren des Neutores vor der ersten Stadterweiterung

1850 431.000 Einwohner (erste Stadterweiterung, 34 Vorstädte eingemeindet):

Einwohner nach Religionsbekenntnissen	Katholiken	Protestanten	Mosaisches Bekenntnis
1850	95.5%	2.6%	3 % (= 12.000)
1895	87 %	3.4%	8.8% (= 120.000)

1852 Pfingsten: Im Prater werden 12.000 Henderl, 4.000 Ganserl und 300 Ochsen verzehrt.

27. 8. 1862 „Schwarzer Tag der Damen von Wien" (erste Heirat von Johann Strauß Sohn; 3mal verheiratet, 13mal verlobt, Liebschaften – Anzahl nicht eruierbar).

1869 Erste amtlich vorfrankierte Postkarte (Korrespondenzkarte) der Welt am 1. Oktober ausgegeben (2 Kreuzer; Umsatz bis 1. Dezember 1869: 2,930.000 Stück!).

1868 Maigesetze (interkonfessionelle Schulen).

1869 Reichsvolksschulgesetz bringt Schulpflicht (8 Jahre).

1869 Erste Lehrerinnenbildungsanstalt.

1870 Erstes benzinbetriebenes Auto in Mariahilf (Siegfried Marcus aus Malchin/Mecklenburg).

Das Marcus-Auto (Modell)

1870 615.000 Einwohner.

1880 248.000 Einheimische, 457.000 Zuwanderer.

vor 1890 817.000 Einwohner.

nach 1890 1,364.000 Einwohner (zweite Stadterweiterung, Vororte), → Tabelle 1850.

1890 Erste Arbeiter-Maifeier.

1890 Georg Coch (geb. 1842), Begründer der Postsparkasse. Europaweit (weltweit) erste Einführung bargeldloser Zahlungsverkehr (Giroverkehr).

1892 Erstes Wiener Mädchengymnasium.

1896 Erstes Wiener Kino.

1897 Riesenrad für 20 Jahre als Provisorium in Betrieb genommen (noch heute eines der Wahrzeichen Wiens). Erste elektrische Straßenbahn.

1901 Entdeckung der Blutgruppen (Karl Landsteiner).

1902 Das von Italien bestellte „Marc-Anton"-Denkmal wird weder bezahlt noch abgeholt, PROVISORISCH für 2 Jahre bei der Secession aufgestellt (steht heute noch; Volksmund: Marc-Aurel-Denkmal). Marc Anton hatte keinerlei Beziehungen zu Wien.

Das „Marc-Aurel-Denkmal"

1905 1,877.000 Einwohner (linkes Donauufer eingemeindet).

1912 Karl May hält 8 Tage vor seinem Tod in den Stephaniensälen den Vortrag „Empor ins Reich der Edelmenschen" (2.000 Zuhörer, darunter A. Hitler).

1916 „Kriegsnägelaktion" (Eiserner Wehrmann): für Witwen und Waisen nach Vorbild „Stock im Eisen".

1918 Erster „Fliegerangriff" (mit Propagandazetteln!) auf Wien.

1919 Erster Gemeindewohnbau (Metzleinstaler Hof). Todesstrafe abgeschafft (→ 1933, → 1968).

1921 Erste „Wiener Messe".

1922 Wien wird Bundesland (1,842.000 Einwohner).

1924 Währungsreform: 10.000 Kronen = 1 Schilling.

1925 Stadtbahn elektrifiziert. Erste Radiosendung (RAVAG).

1931 Zweites Götz-Zitat-Denkmal am Goethehof (← 1790).

Goethehof und das bewußte Denkmal

1932 Erstes Wiener Hochhaus.

10. 11. 1933 Todesstrafe wieder eingeführt (← 1919, → 1968).

1938 Urkunde aus Matrikelamt des Stephansdoms entfernt (durch Nationalsozialisten), um Johann Strauß nicht als „Achteljuden“ zu deklarieren.

90% der zur „Arisierung“ gemeldeten jüdischen Geschäfte der „Ostmark“ befinden sich in Wien.

Nobelpreis (Erforschung Vitamine und Carotinoide) für Richard Kuhn; Entgegennahme wird verboten (oder aus Protest gegen NS nicht angenommen, je nach Quelle); geboren 1900 in Wien oder Heidelberg (je nach Quelle); gestorben 1967 in Heidelberg oder Wien (je nach Quelle). Preisentgegennahme 1948 (gesichert); Deutscher, Deutschösterreicher oder Österreicher (je nach Quelle); zur Zeit der Verleihung 1938 hielt er sich in Wien auf (gesichert)!

Groß-Wien am 15. Oktober verwirklicht: 97 niederösterreichische Gemeinden angeschlossen. Wien hat 1.215,4 km² (vorher 178,4);
2,087.000 Einwohner (1,874.000);
5 neue Bezirke: Großenzersdorf XXII., Schwechat XXIII., Mödling XXIV., Liesing XXV., Klosterneuburg XXVI.

März 1940 Fettstoffe rationiert.
Metallreserven inkl. Kirchenglokken aus Kupfer werden abgabepflichtig.

14. 12. A. Hitler läßt als Geste den Leichnam des „Herzogs von Reichstadt“ aus der Kapuzinergruft nach Paris bringen (im Invalidendom neben seinem Vater Napoleon I. beigesetzt).

1941 Verdunkelung ab März; Blauanstrich der Bus- und Straßenbahnfenster.

22. 6. Rapid Wien wird in Berlin (gegen Schalke 04 4:3) deutscher Fußballmeister. „Reichsdeutsche“ erhalten bei Fußballspiel Admira Wien gegen Schalke 04 „Keile“; im Gegenzug wird Austria Wien am 30. September in Gelsenkirchen auf dem Spielfeld verprügelt.

In Wien werden in 222 Kinos 60 Millionen Eintrittskarten verkauft.

1942 Kürzung der Lebensmittelrationen; Wochenration für Normalverbraucher: 2 kg Brot, 206 g Fett, 300 g Fleisch, 3 kg Kartoffel, 2 Eier.

29. 5. Heuriger (Buschenschank) verboten!

Die Flaktürme sind nicht entfernbar – der im 6. Bezirk wurde zum „Haus des Meeres“ umgebaut

1943 Arbeitsdienstpflicht erweitert; Männer von 16–65, Frauen von 17–45 Jahre.

1944 Theater, Varietés, Kabaretts geschlossen (1. September). Pradler Ritterspiele zur Truppenbetreuung abkommandiert.

Reichsanwaltschaft beim Volksgerichtshof
Geschäftsnummer 4 J 777/44
– Staatsanwaltschaft –
K o s t e n r e c h n u n g
in der Strafsache gegen [redacted]

Gebühr gem. §§ 49, 52 SGKG für Todestrafe	300,—
Postgebühren gem. § 72,1 SGKG.	1,84
Gebühr gem. § 72,6 für den als Pflichtverteidiger bestellt gewesenen Rechtsanwalt [redacted]	81,60
für die Strafhaft vom 6. 4. 44 bis 2. 5. 44	44,—
Kosten der Strafvollstreckung: Vollstreckung des Urteils	158,18
hinzu Porto für Übersendung der Kostenrechnung	—,12
zusammen:	585,74

Zahlungspflichtig: Die Erben des [redacted]

Während der Zeit des Terrors scheute man sich nicht, auch die 12 Pfennig Porto für die Kostenrechnung einer Hinrichtung anzuführen

10. 9. Erster schwerer Luftangriff.

16. 12. POEN (Prov. Österr. Nationalkomitee) als Widerstandsbewegung „O5“ in Wien gegründet.

6 Flaktürme in Wien einsatzbereit (1942 Baubeginn; ca. 40 m, konnten 30.000 Personen aufnehmen – 9 bis 11 fensterlose Stockwerke).

1945

5.–13. 4. Einnahme Wiens durch Rote Armee.

8. 4. Großbrand Innere Stadt, Stephansdom brennt.

15. 4. ÖGB gegründet (überparteilich).

17. 4. Theodor Körner provisorischer Bürgermeister.

Zeichen des österreichischen Widerstandes am Stephansdom

Montag, 23. 4. Wiener Feuerwehr verfügt noch über 5 Löschfahrzeuge (von 200); „Neues Österreich" erscheint als erste österreichische Zeitung.

24. 4. Erste Kinovorstellung (Apollo: Iwan VI.) (bis Juni nehmen 100 Kinos den Betrieb wieder auf!).

26. 4. Gemeindeverwaltung verfügt über 30 Kraftfahrzeuge (von 1.650); Treibstoff nicht vorhanden.

27. 4. Wiederherstellung der Republik Österreich proklamiert und gefeiert; 16 Uhr: Erstes philharmonisches Konzert (Clemens Krauß dirigiert: Schubert, Unvollendete [8.] Symphonie, 3. Leonorenouvertüre von Beethoven, Symphonie Nr. 5 e-Moll von P. I. Tschaikowsky).

28. 4. Erste Volkshochschulvorlesung; Rückbenennung der Straßennamen; Wiederholung des philharmonischen Konzertes vom Vortag.

29. 4. RAVAG nimmt Betrieb (19.30 bis 21.30) auf; erstes Fußballspiel Helfort : Russ. Militärteam; „BIM" (10, 46, 47, 49, 60) nimmt Betrieb auf.

30. 4. Eröffnungen:
Burgtheater (im Ronacher): „Sappho" von Grillparzer: Maria Eis, Tonio Riedl a. G., Elisabeth Kallina, Julia Janssen (unter Leitung Raoul Aslans).

Wochenration pro Kopf

Besonderheit: Das Stück wurde abgebrochen und ein zweites Mal begonnen, da der sowjetische Marschall Tolbuchin zu spät kam!
Raimundtheater: „Dreimäderlhaus" (Schubert-Berte).
Erste Vorstellung der Staatsoper (in der Volksoper, Direktion Jerger): „Hochzeit des Figaro"; Regie: O. Fritz Schuh; Joseph Krips dirigiert (Poell, Konetzni, Pernerstorfer, Seefried, Jurinac).

„BIM" (41, 41a, 43, 48) verkehrt wieder.

1. 5. *Gemeinsame* Maifeier ALLER 3 Parteien am Rathausplatz (SPÖ, ÖVP, KPÖ).
12.000 Tonnen Lebensmittel als

„Maispende" der russischen Armee an Wiener Bevölkerung.

Theater in der Josefstadt: Hofrat Geiger.

Erste Ausstellung der Wiener bildenden Künstler.

2. 5. Postverkehr in Wien aufgenommen.

3. 5. Wochenration pro Kopf: 1.000 g Brot, 150 g Fleisch, 50 g Speiseöl, 400 g Hülsenfrüchte, 125 g Zucker

5. 5. Kulturstadtrat wird um bessere Verteilung (Beendigung des Schlangenstehens) ersucht.

6. 5. Erstes Fußball-Ligaspiel Sportklub – Vienna.

8. 5. Ende des 2. Weltkrieges in Europa.

10. 5. Volkstheater (unter Rolf Jahn) beginnt Spielzeit mit Gustav Davis' „Katakomben".

13. 5. Wiedereröffnung der Wiener Schulen.

15. 5. Akademietheater beginnt mit „Die beiden Klingsberg" (Hauptrollen: Raoul Aslan, Fred Liewehr).

18. 5. 16 Uhr: Kabarett „Simplicissimus" wiedereröffnet.

20. 5. Eröffnung der (3) städtischen Bäder.

27. 5. Stadtbahn verkehrt zwischen Hietzing und Hauptzollamt.

29. 5. Vorlesungsbeginn an Wiener Universität.

10. 7. Provisorische Regierung setzt Verfassung Wiens von 1931 wieder in Kraft.

ab 3. 9. Schuttaktion für 850.000 m^3 Schutt, 200.000 m^3 Müll.

Bilanz 1939–1945 (Zivilbevölkerung)	
52 Luftangriffe	8.769 Tote
Straßenschlacht	2.266 Tote
	11.035 Tote

47.000 Gebäude (28% des Baubestandes) beschädigt oder zerstört
86.875 (12,3%) Wiener Wohnungen unbenutzbar
8 Millionen m^2 Glasbruch
120 Brücken zerstört (von 122)
1.878.000 m^2 Fahrbahnen zerstört

Der Kampf gegen Schutt und Trümmer

1956 Türmerstube zu St. Stephan aufgehoben (← 1534)

7. 2. 1968 Offizielle Abschaffung (lt. Bundesgesetzblatt) der Todesstrafe (← 1919, ← 1933).

1981 Das mit 1 Milliarde Schilling projektierte neue Allgemeine Krankenhaus erfährt eine Kostenein-

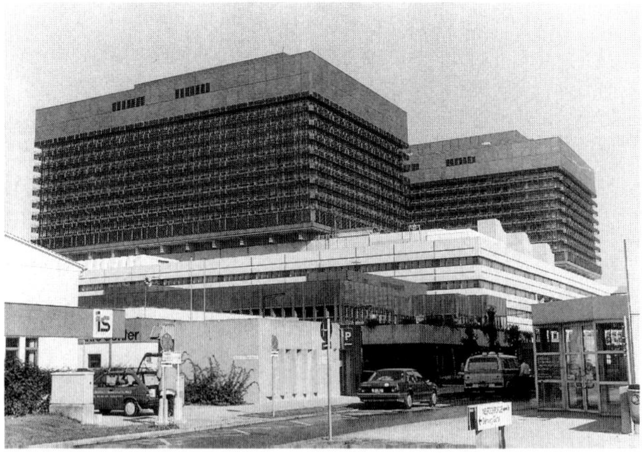

Das (neue) Allgemeine Krankenhaus

schätzung von 37 Milliarden Schilling an Baukosten.

1985 Gedenkmesse (4. Mai) im Kahlenbergerdorf für die „Gefallenen und Opfer des alliierten Terrors" mit Absingen von SA- und NSDAP-Kampfliedern.

1986 Der erste Behinderte (Michael Srb) wird in das Parlament gewählt.

Mitte November treffen in allen Wiener Schulen (auf gefälschtem Papier des Unterrichtsministeriums) Briefe ein: „Die These von der Vergasung von Menschen während der Gewaltherrschaft des Dritten Reiches" ist „nicht ratsam und es sei auch nicht vertretbar, diese aufrechtzuerhalten!"

530 Millionen Schilling an Einnahmen der Bundestheater stehen 2 Milliarden Schilling Ausgaben gegenüber.

1988 Ab 1. Jänner wird die staatliche Heiratsbeihilfe von S 15.000,– abgeschafft.

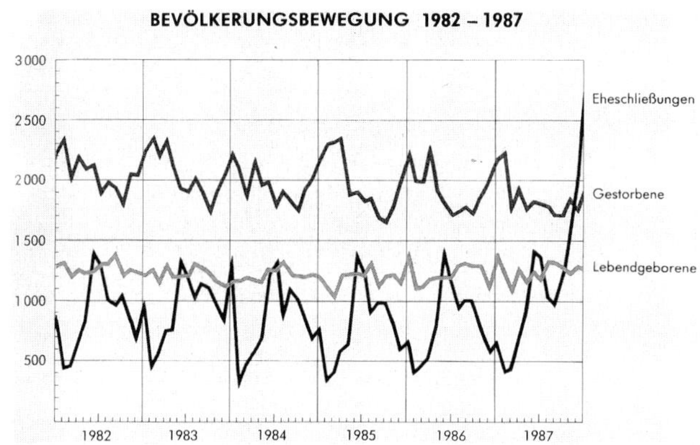

Anstieg der Eheschließungen vor Abschaffung der Heiratsbeihilfe

Wien ist magyarisch (← 907). Einkaufssturm durch gelockerte Einreise- und Zollbestimmungen von Ungarn bis März 1989 – Eiserner Vorhang wird „durchlässig".

1989 In Österreich existieren 76 Republik-Orden (und Ehrenzeichen),
79 k. u. k.-Dekorationen,
129 Bundesländer-Ehrenzeichen und 242 ausländische Orden: 526 zum Tragen erlaubt.
Die verschiedenen Klassen und Abstufungen sowie Vereins-Ehrenzeichen wurden in dieser Zählung NICHT berücksichtigt!
Anteil speziell Wiener Ehrenzeichen: 57.

Friedlicher Ungarn-Sturm (Fotos: Votava)

Unterricht und Schulwesen

„LIEBER FÜNF STUNDEN SCHULE ALS GAR KEIN SCHLAF“!
(Altes Wiener Schülersprichwort)

Wiener Schule – ein Begriff, der manchem Rückschauenden Schauer der Ehrfurcht über den Rücken jagt. Mediziner, bildende Künstler, Musiker und Geisteswissenschaftler stehen ergriffen vor diesen Monumenten konzentrierten Schaffens in Wissenschaft und Kultur.

Die „Wiener Schule“ als Ausdruck kontinuierlicher Erziehung und Wissensvermittlung ist jedoch ein schwer zu umschreibender Begriff, historisch erst in kurzer Zeitspanne ausreichend belegbar.

Die völkisch nicht definierbaren Jäger und Fischer, die ab ca. 10000 v. Chr. in und um das heutige Stadtgebiet siedelten, hinterließen keine Belege für Erziehung und Unterricht. Anders als bei den antiken Hochkulturen fehlen schriftliche oder bildliche Belege. Sicher ist die Anleitung der Knaben für die Tätigkeiten der späteren Reifezeit in den lebensnotwendigen Techniken der Jagd und Verteidigung durch Väter und die Vorbilder ausgezeichneter Familien- bzw. Stammesangehöriger und Führer. Ebenso das Vorbild der Mutter für ihre Töchter. Die Beispielwirkung als Erziehungsfaktor bei den wenigen Spezialtätigkeiten dieses Zeitabschnittes hat sich lange erhalten und dient auch manchen Familienbetrieben von heute wieder als Vorbild für Kosten-, Personal- und Investitionsersparnis.

Die namentlich bekannten Einwanderungs- und Okkupationsvölker wie Kelten, Germanen, Slawen etc. (siehe *„Wiener Blut“*) brachten durch Priester und andere privilegierte Könner eine neue Note ins pädagogische Spiel. Sie betrachteten „Unterricht“ außer als Weitergabe handwerklicher und kriegerischer Techniken auch für die Weiterbildung der Geheimwissenschaften (Prophetie, Medizin, Beschwörung, Götterkunde) und Bewahrung der Tradition. Bei den Kelten wurden die Geheimnisse des Unfaßbaren durch Druiden (Priester) von Mund zu Ohr weitergegeben, Barden (Dichter und Sänger) bewahrten die Überlieferung.

Auch die Römer konnten keine wissenschaftlich eindeutig klärbare Schultätigkeit in unseren Raum bringen. Die Soldaten vermischten sich alsbald mit den Ansässigen, das römische Schulsystem wird nur sehr sporadisch eine Auswirkung gefunden haben.

Der Unterricht an römischen Schulen war hart; vor Sonnenaufgang bis Mittag, vor Sonnenuntergang bis in die Nacht dauerte das Martyrium der Schüler, die mit Schlägen, Essensentzug und einem ausgeklügelten Strafkatalog zur Erreichung der vorgeplanten Leistung gebracht wurden. Eigene Lehrstunden bei Mathematikern und Rhetorikern ergänzten das System. Umwohnende an den zur Straße offenen Schulräumen beklagten sich über die unzumutbare Lärmentwicklung. Ob diese Methoden in der Zivilstadt Vindobonas Einzug gefunden haben ist fraglich.

Noch dazu waren die psychologischen Auffassungen des Begriffes „KIND" sehr unterschiedlich: Die „barbarischen" Völker sahen den Nachwuchs als unreif – bis zur Erreichung der Geschlechtsreife – zum Bestehen der Erwachsenenprüfungen an.

Bei den „kultivierten Römern" wurde das „Kind" als kleiner Erwachsener angesehen und dementsprechend behandelt. Im Wiener Raum war das wohl einzige Ziel des Sohnes die Nachfolge als Legionär.

Die kulturelle Vermischung zahlreicher Völkerschaften erhöht die Unverfolgbarkeit des Unterrichtswesens. Erst die Christianisierung vereinheitlichte die geistigen Zielrichtungen. Obwohl die Masse der Bevölkerung keine Teilnahme an den Kulturtechniken erhielt, wurden die Klöster zu Sammelbecken der Intelligenz. Ab 500 erfolgte eine regelmäßige Schulung des christlich-mönchischen Nachwuchses, Priester und Schreiber entstanden aus diesen didaktischen Bemühungen.

Apropos Schreiber: Das Schrifttum der mittelalterlichen Zeit entstammte hauptsächlich dem geistlichen Stand; die Abschrift eines Buches war nur zu oft eine Lebensaufgabe.

Diese Ausschließlichkeit des Bildungsempfanges wurde erst nach Abschluß der Christianisierung im Hochmittelalter (ab ca. 900) aufgegeben. Einer breiteren Schicht diesen Bildungszugang zu ermöglichen hätte der Missionsarbeit Hürden in den Weg gestellt. Wie die keltischen Druiden ihre Geheimnisse nur Eingeweihten vermittelten, konnte die „wahre" christliche Lehre, durch Schismatiker dauernd gefährdet, ohne mehr Wissen der Empfangenden leicht vermittelt werden. Die Aufteilung in „innere", für den geistlichen Stand bestimmte, und „äußere" Schüler schuf für die unterrichtende Geistlichkeit große pädagogische und psychologische Probleme. Die „Äußeren", zumeist Söhne des Adels, verblieben im weltlichen Stand und waren mit diesem ständig konfrontiert. Ab dem 12. Jahrhundert bereitete das „Vagantentum" – das Herumziehen der Schüler von Schule zu Schule – schwere Probleme. Konflikte mit den Zöglingen, die in den sorgsam gehüteten Kreis Ideen und Erkenntnisse aus ganz anderen Lehr- und Milieuschichten einbrachten, waren unvermeidlich. Die Geistlichkeit trat scharf gegen die fahrenden Schüler auf.

In Wien war es wie heute: Nach Absolvierung der Studien wurden die Gelehrten mit offenen Armen im Ausland aufgenommen, die Lehrerschaft der Schulen berief man von auswärts. Die Wiener Pfarrschule zu St. Stephan, auf das 12. Jahrhundert zurückgehend, wurde geprägt von dem Franzosen Magister Petrus, einem bedeutenden Frühscholastiker. Die Bedeutung dieser Schule strahlte weit über das direkte Umfeld hinaus. Wie immer in Wien, wenn etwas Bedeutsames die Norm sprengen möchte, griff auch hier sofort die Obrigkeit – hier 1237 Kaiser Friedrich II. während der Besetzung Wiens – niveaudrükkend ein. Friedrich II. nahm dem Herzog von Österreich die Ernennung des Rektors und somit die Beeinflussung des Lehrkörpers aus der Hand.

Lehrmittel und Lehrbücher waren konservativ bis veraltet. Die überlieferten Fächergruppen waren das Trivium (Grammatik, Rhetorik und Dialektik) sowie das Quadrivium (Geometrie, Arithmetik, Astronomie, Musik). Diese Fächer wurden unterstützt durch Bücher der Spätantike (Vergil, Ovid, Horaz) und des Frühmittelalters. Die „modernen" Autoren lagen wohl in den Klosterbibliotheken, für Schüler waren sie nicht zugänglich.

Lehrmittel waren die freie Natur und der Sternenhimmel. Sektionen konnten nur an verbotenerweise geraubten Leichen (meist vom Galgen abgeschnitten oder durch Vierteilen schnittgerecht serviert) durchgeführt werden. Angehenden Ärzten wurde der menschliche Körperbau an Affenskeletten oder Holzmodellen verdeutlicht. Menschliche Skelette waren Raritäten und verborgene Schätze.

Die Unterrichtsmethoden entbehrten jedes „Firlefanz" pädagogischer und psychologischer Überflüssigkeiten. Auswendiglernen kompensierte den Mangel an Büchern, millimetergenaues Abschreiben unterdrückte den Luxus der persönlichen Note. Unermüdliches Wiederholen dämpfte das Aufkommen freizeitlichen Müßigganges und körperliche Begierden oder Auflehnung gegen die gottgewollte Ordnung verflog nach Gebrauch des „flagellum" (Geißel) bei internen und Rutenhieben bei externen Untergebenen, Essensentzug und Karzer komplettierten die pädagogischen Maßnahmen.

Der prominenteste Kläger gegen diese Maßnahmen war Walther von der Vogelweide. Wie nach Durchlaufen dieser Schullaufbahn zarteste Lyrik, Urbilder seelischen Überschwangs, entstehen konnten, bleibt ein Rätsel der menschlichen Seele.

Die außerschulische Unterweisung adeliger Sprößlinge erstreckte sich auf die Erlernung der ritterlichen Tugenden und des Waffengebrauches. Neben Fechten, Ringen, Jagen und Reiten Ausbildung in Spiel und Sang.

Die Frau dominierte im häuslichen Bereich. Die ritterliche Dichtung betont diesen Vorrang des Weiblichen nur zu oft und grotesk.

Im Spätmittelalter verliert die geistliche Dominanz im Schulwesen ihre Ausschließlichkeit. In Wien ging das allerdings wieder etwas langsamer und gemütlicher vor sich. Erst ab 1365 (Gründung der Wiener Universität als zweiter in Europa nach Prag, 1348) löste sich ein Laienschulwesen vom kirchlichen. Die Dom-, Kloster- und Pfarrschulen erhielten Konkurrenz. Die erste und wichtigste Pfarrschule zu St. Stephan wurde zur Bürgerschule unter städtischer Patronanz. Der Bürgerrat setzte den Leiter ein, bestimmte die Entlohnung der Lehrer und verfaßte Schulordnungen. Der Lehrkörper war fast vollständig im geistlichen Stand zu finden. Sie waren hervorragend Persönlichkeiten, die den Anstalten besten Ruf und den Schülern solide Ausbildung sicherten.

Die Berufung der gescheitesten Köpfe an die Universität ließ diese eine ungeahnte Blüte erleben. Lehrer kamen aus Hessen, Franken und allen Gebieten Österreichs. Allerdings dominierte das deutsche Element und die Aufteilung in österreichische, ungarische, rheinische und sächsische Landsmannschaften spricht eine deutliche Sprache. Der Ruhm der Entdeckung der Sinusrechnung durch Johann von Gmunden und die Bedeutung der astronomischen Schule von obigem, dem zweiten Oberösterreicher Georg von Peuerbach und Johannes Müller (Regomontanus) aus Franken sind heute noch nostalgische Höhepunkte im Wiener Schulwesen.

Die Grundgesetze von 1385 und 1389 bestanden 170 Jahre. Die Studentenzahl stieg bald über 1.000. Sogar die Anatomie erreichte trotz massiver kirchlicher Bedenken einen Höhepunkt (Galeazzo de Santa Sophia aus Padua).

Dann wurde reformiert! Die sattsam bekannten politischen Reibereien lösten Zusammenhalt und Einigkeit auf und die Erfolgskurve verlief schnell nach unten. Religiöse und politische Differenzen sind jede für sich immer eine Gefahr für Bildung, Unterricht und Kultur gewesen. Treffen sie noch dazu zusammen, wirken sie ruinös. Bis 1500 wurde ein Großteil des erarbeiteten Fortschrittes verspielt, die Universität verlor Ruf und Ansehen.

Im 16. und 17. Jahrhundert prägten die religiösen Differenzen das Unterrichtswesen. Besonders an den höheren Anstalten störten die geistigen Auseinandersetzungen den Bildungsauftrag. Die zur Bürgerschule gewordene Institution zu St. Stephan war stets abgeschirmt katholisch; doch konkurrierten mit ihr in Stadt und Vorstädten deutsche, lateinische und protestantische Schulen. Jesuiten und Protestanten lieferten sich Scharmützel und vor allem die Universität verlor nicht nur dadurch Studenten, auch als türkengefährdetes Grenzgebiet bot sie wenig Anreiz. 1593 z. B. verzeichnete das 1554 installierte Jesuitenkolleg die fünffache Anzahl an Zöglingen. Auch durch den zweckmäßigen Lehrplan, neue

ABC-Buch von 1744 – samt Grundrechnen, Tugendlehre und allerlei Wissenswertem

Methoden und Lehrmittel war die Anziehungskraft dieses Institutes ungemein stark.

Die Lehrer an den niederen Schulen verloren durch mangelnde Ausbildung Niveau und Ansehen. Schlechte Bezahlung zwang sie zu Nebenbeschäftigungen u. ä., die Ausbildungsbasis für die an niedere Schulen anschließende Fortbildung war nicht mehr gegeben. Die Jesuiten betrieben ihr Schulwesen elitär für den Ordensnachwuchs, initiative Persönlichkeiten mit modernen, enthusiastischen und bahnbrechenden Mentalitäten waren – wie so oft in Geschichte und Gegenwart – zum Scheitern verurteilt. Erst die Piaristen brachten hier einen grundlegenden Wandel. Schulgeldverzicht bei begabten Schülern war das erste soziale Zeichen einer heraufdämmernden neuen Zeit.

Die Gründung der „Akademie der bildenden Künste" 1725 durch Karl VI. brachte eine Ausweitung des Hochschulbetriebes, der Wien weiteren künstlerischen Glanz bringen sollte.

Die vielfältigen Strukturen des Erziehungswesens drohten zu wuchern, auseinanderzufallen. Eine starke Hand zur Zusammenfassung und Neuorganisation war notwendig geworden. Maria Theresia und ihre Berater schufen dieses Instrument 1760, indem eine autonome Studienkommission geschaffen wurde. Die Schaffung eines Grundschultyps, der Volksschule, lieferte das Fundament für den Gedanken der allgemeinen Schulpflicht. Der schlesische Abt Ignaz Felbiger von Sagan wurde – nach Schulorganisationserfolgen in Preußen – 1774 nach Wien berufen. Er schuf die allgemeine „Schulordnung".

Der Lehrplan der „Volksschule" sah Lesen, Schreiben und Rechnen vor. Die übergeordnete „Hauptschule" bot anfangs sogar Lateinunterricht an. „Normalschulen" dienten als Lehrerbildungsanstalten. Die typisch österreichische Lösung zur Finanzierung der kompletten Reform: Das Vermögen des aufgelösten Jesuitenordens wurde zum „Studienfonds" umgewidmet!

Die josephinischen Klosteraufhebungen verminderten die Zahl der Gymnasien. Diese Konzentration erwies sich jedoch als positiv. Anstalten mit besonderen Lehraufträgen (Theresianisches Kollegium mit selbständiger Oberstufe 1751; Theresianische Ritterakademie zur Vorbereitung des Adels für den öffentlichen Dienst; Orientalische, später Konsularakademie für Diplomaten 1754) bereiteten den Weg für Fachschulen und Speziallehranstalten.

Der Widerstand der Bevölkerung war immens. Der Wiener sah nicht ein, daß die Kinder wissen sollten, was den Eltern nicht gefehlt hatte. Das Niveau ging durch die Ausweitung der Basis zuerst zurück, wurde aber später durch die Ausweitung der naturwissenschaftlich-technischen Ausbildung (erste Realschule 1809, erstes Polytechnikum mit großzügiger Ausstattung 1815) nach steinigem Weg stetig angehoben.

An der Universität änderte sich wenig: Der Herr wechselte (von Kirche zu Staat), ausländische Fachgelehrte versuchten Strukturverbesserungen. Besonders die „Medizinische" Fakultät profitierte durch Van Swieten, die „Erste Wiener medizinische Schule" trat ihren Siegeszug an.

Von den angesprochenen Ausnahmen abgesehen war das Niveau noch bescheiden. Überwachung der politischen Zuverlässigkeit, Kontrolle der zugelassenen Lehrmittel ersetzte methodische, psychologische Impulse – der Staat wachte!

Bis 1848 stagnierte das Bildungswesen. Viele Ideen gab es, doch keine Verwirklichung. Die Revolution brachte wohl Lehr- und Lernfreiheit, aber erst ein echt österreichisches „provisorisches" Gesetz über die Organisation der akademischen Behörden unter Unterrichtsminister Graf Leo Thun-Hohenstein vom 30. September

1849 sprengte den Damm, der die Wogen eines modernen Bildungssystems hemmte. Der Lehrer, bis 1848 auch Kirchendiener, Organist und Chorleiter, manchmal Nebenerwerbsbauer, Untergebener und Diener des Schulmeisters, auch Totengräber und Schulgartenpfleger sowie Lehrmittelhersteller, wurde durch gezielte, spezielle Schulung zum pädagogischen Erzieher. Die Lehrerbildungsanstalten wurden zum Modell für Europa und blieben dies bis 1962.

Die Schulentwicklung nach dem Zusammenbruch der Monarchie erfordert eine genauere Betrachtung der Umschichtungen in soziologischer und politischer Hinsicht. Der politische Wandel von monarchischer zur republikanischen Staatsform bedingte eine Umstellung der politischen Erziehung und totales pädagogisches Umdenken.

Das Fehlen des demokratischen Volksbewußtseins, der Mangel an Tradition bei Mitentscheiden und politischer Verantwortung führte Österreich alsbald auf autoritäre Bahnen, erleichterte die spätere Eingliederung in eine Diktatur.

Das Vertrauen zu sich selbst, das Hineinwachsen in die Demokratie konnte erst nach 1945 erworben werden. Gefestigt wurde diese Staatsbürgermentalität durch die staatliche Eigenständigkeit 1955 (Staatsvertrag). Die ab der Jahrhundertwende geführte Diskussion über eine neue staatsbürgerliche Erziehung erhielt nun eine fruchtbare Grundlage.

Besonders wirkte sich dies durch den Wechsel von der reinen „Lernschule“ zu einer Pädagogik aus, die vom Kind ihren Ausgang nahm. Begriffe wie „Arbeitsschule“, „Pädagogik im Dienst werdender Persönlichkeiten“, Grundsatz der Freiheit, Gemeinschaftserziehung, Gesamterziehung als „Einheit von Schule, Handwerk und Gruppe“ bis zur „Moralischen und staatsbürgerlichen Erziehung“ sind nur einige Bewegungen, die vom Kind und nicht vom Lehrziel ausgehen.

Nach dem 2. Weltkrieg tauchen in Österreichs Lehrplänen erstmals Wort und Begriff der Demokratie auf.

Die vielfältigen pädagogischen Strömungen bis zur extremsten Durchführungsweise der „antiautoritären Erziehung“ bedingten die Basis der demokratischen Lern- und Lehr- bzw. Methodenfreiheit. Die Erwachsenenbildung komplettierte das sich selbständig weiter fortbewegende Modell eines allgemeinen Bildungs- und Erziehungswesen.

Es ist nicht verwunderlich, daß die Reformen, Versuche und auch extreme Experimente auf den genannten Gebieten keine Beurteilung erlauben. Diese sind ja bei Demokratien mit Jahrhunderttraditionen meist noch schwerer zu stellen als in Wien und von da ausstrahlend auf Österreich.

Im Dienst der Anschaulichkeit

VON DER JAHRMARKTSATTRAKTION ZUR INSTITUTION

Der „gestandene" Lehrer wird bei einem Assoziationstest auf das vorgegebene Wort „Henkel" kaum mit „Topf", „Krug" oder „Tasse" reagieren, sondern mit „Lehrmittel", „Präparat" oder „Anschaulichkeit" – je nach Charakter und Neigung.

Diese mentale Verankerung eines Firmennamens in einem spezifischen Berufsstand – trotz andersdeutbarer konkurrierender Sinninhalte – entspringt einer hundertjährigen Tradition, Lehrern adäquates, qualitativ hochstehendes Anschauungsmaterial zur Verfügung zu stellen – eben mit dem Gütezeichen „vom Henkel".

Das Bemühen, der verbalen Erklärung die visuelle Ergänzung anzuschließen oder einzubinden, ist schon immer methodisches und didaktisches Bemühen in jeder Art Unterricht gewesen. Sie manifestiert sich bereits in den Skeletträubern auf Friedhöfen ab dem 14. Jahrhundert, den jagenden, fischenden Lehrern aller Zeiten, dem Zerrbild des netzschwingenden, mit der grünen Botanisiertrommel herumsuchenden, auch steineklopfenden Pädagogen.

Ein bekannter Wiener Schausteller erkannte gegen Ende des 19. Jahrhunderts, daß nicht nur bei Volksfesten und Jahrmärkten, sondern auch im Prater Schulmeister und Unterrichtende an höheren Anstalten seine interessiertesten, informiertesten und neugierigsten Besucher waren. Einladungen, Teile seines „Affentheaters" in Schulen zu zeigen und Präparate gegen Leihgebühr zur Verfügung zu stellen ließen ihm die

Friedrich Alexander Maria Henkel

Im Arbeitsraum der Firma Henkel

Entdeckung einer Marktlücke glücken. 1895 stellte er bei der großen Praterausstellung seine Präparate vor und auch die Neuigkeit, einen neuen Betrieb für den Vertrieb dieser Anschauungsobjekte gegründet zu haben. Dieser findige, unternehmungslustige Kopf gehörte Friedrich Alexander Maria Henkel (geb. 1865), der ab 1892 seine Fertigkeiten im Präparieren auf gefragte Beispiele aus Flora und Fauna anwendete.

Den Anstoß zur „Verselbständigung als Präparateur" im 17. Bezirk, Taubergasse 21, gab die Zusammenarbeit mit dem Spezialisten für anatomische und Nerven-Präparate Adolf Schönbauer. Mit einem Angestellten verbreitete er seine Produkte (und den Namen Henkel) in der ganzen Monarchie. Die Lehrer bzw. Schulen waren dankbare Abnehmer und die Verwendung neuer Methoden garantierten dem Betrieb eine solide Basis. Dies alles verschaffte den „Henkel-Lehrmitteln" ungeahnte Publizität und Zeitungsberichte, die europaweite Werbung bedeuteten. Das kaiserliche Dekret – heute wäre dies die Erlaubnis, das Bundeswappen zu führen – ist in seiner Erstausführung leider nicht mehr herzeigbar, da es aus Papiermangel als Verpackungsmaterial für ein verkauftes Demonstrationsstück verwendet wurde.

Die nahtlose Weiterführung der Erfolgskurve garantierte der Sohn Ernst Henkel (1896

Ernst Henkel

bis 1984), der ab 1922 an der Linken Wienzeile mit 4 Angestellten das inzwischen zum selbständigen Gewerbe gewordene Handwerk weiterführte. Sein Sohn Harald Henkel arbeitete mit der ersten österreichischen Meisterin in dieser Branche, Renè Linder, geb. Henkel, zusammen. 1926 geboren, führte er mit seiner Gattin Theresia, geb. Eder, das Geschäft durch die Wirren der Krisen und profitierte auch von den Auswirkungen der Schulreformen.

„Anschaulichkeit" war weiterhin das Motto der Henkels.

Die Methoden änderten sich, das Ziel blieb. Erzeugung und Handel sind weiterhin die Standbeine des Unternehmens. Durch die Ziele des Naturschutzes wurde in jüngster Zeit die Reparatur vorhandener Präparate ein Hauptbestandteil des Arbeitsanfalles.

Die Haupttrends der heutigen Anliegen sind der Wandel vom chemischen Präparat zur Gefriertrocknung. Ewiger Spitzenreiter ist noch

Harald Henkel mit dem damaligen Wiener Bürgermeister Bruno Marek

Theresia Henkel

Sonja Henkel

immer der balzende Auerhahn für die Wohnstube und die Beute aus diversen Safaris. Die Einbettung in Kunststoff ist die übliche Art der Herzeigobjekte, und das Material für Naturskelette liefert Indien (siehe „Aus einem Lehrmittelkatalog", Seite 41).

Heute leiten der Geschäftsführer Michael Henkel und Sonja Henkel die Ges.m.b.H. & Co. KG. Edgar Nerat, Meister-Präparator als gewerblicher Geschäftsführer und Christiane Nerat (Koleopterologin = Käferexpertin) sind neben der wortgewaltigen, koordinierenden Sekretärin Valerie Kreusel weitere Säulen des Ensembles.

Für höchste Qualität sorgen die hochqualifizierten Mitarbeiter Wolfgang Brunthaler, Rosa

Michael Henkel

Novak (Flüssigkeitspräparation) sowie Josef Schüpany, Franz Witzmann, Oswald Wimmer, Waltraud Wallner und Alfred Wallner.

Das „Henkel“-Nervenzentrum befindet sich nun in der Hanglüßgasse 4, 1150 Wien, Tel. 83 75 56 und 85 98 28. Die wahren Begegnungsstellen sind jedoch Messen, Fachschauen und Kataloge sowie direkte Kontakte zur Bedarfserhebung.

„Den Henkel brauchst? – Ruf doch an, die kommen schon!“ ist nicht nur Lehrer-, sondern auch Jäger-, Fischer- und Urlaubermonolog!

Messekoje

Edgar Nerat

Aus einem Lehrmittelkatalog (Glosse)

Dem unvoreingenommenen, nicht mit der Materie konfrontierten Betrachter schleicht sicherlich wohliges Gruseln über verschiedene Körperpartien (je nach Charakter).

Der „Naturabguß eines IDEAL-Skelettes“, aus Kunststoff hergestellt, ist natürlich „hygienisch, abwaschbar, unzerbrechlich, leicht im Gewicht“. Die leichte Zerlegbarkeit des 180 cm hohen Modells bietet natürlich „abnehmbares Schädeldach, bewegliches Unterkiefer, Verwendbarkeit des Schädels nach Abnahme des Schädeldaches für Einzeldemonstrationen“. Die abnehmbaren oberen und unteren Extremitäten sind in den Gelenken beweglich – und dies alles ist auch in Einzelteilen erhältlich.

Interessierte können nun „wesentlich billiger als bei Naturskeletten“ den Hamlet-Monolog am Plastikschädel üben, Kunststoffarme als Diebsabschreckung von den Decken baumeln lassen und ihre geplagte und deformierte Wirbelsäule mit dem Idealfall vergleichen.

Liebhaber des Skurrilen verwenden diesen Plastikbruder als Hut-, Mantel- und Krawattenständer. Findige Werbe- und Geschäftsleute vermißten diesen Idealfall der Konfektionsgröße 48 schon lange zur Präsentation ihrer Kleiderkreationen und ein leicht einfügbarer Glaseinsatz prädestiniert den abnehmbaren Schädel als Aschenbecher für abgewöhnungswillige Raucher.

Bemerkenswert ist ein kleingedruckter (aber deshalb nicht suspekter) Zusatz: auch Naturskelette lieferbar.

In einem Wiener Café entdeckte der Autor eine mit Smoking angekleidete Ausgabe dieser Spezies mit Tablett und Kellnertasche und den Schild um den Hals „Komme gleich“.

Menschliches Skelett

- **Naturabguß eines Ideal-Skeletts**
- **aus Kunststoff hergestellt**
- **hygienisch**
- **abwaschbar**
- **unzerbrechlich**
- **leicht im Gewicht**
- **180 cm hoch**
- **zerlegbar**
  mit abnehmbarem Schädeldach, Unterkiefer beweglich, Schädel nach Abnahme des Schädeldaches für Einzeldemonstration verwendbar, obere und untere Extremitäten abnehmbar und in den Gelenken beweglich
- **auch in Einzelteilen erhältlich**
- **wesentlich billiger als ein Naturskelett**

auch Natur-Skelette lieferbar

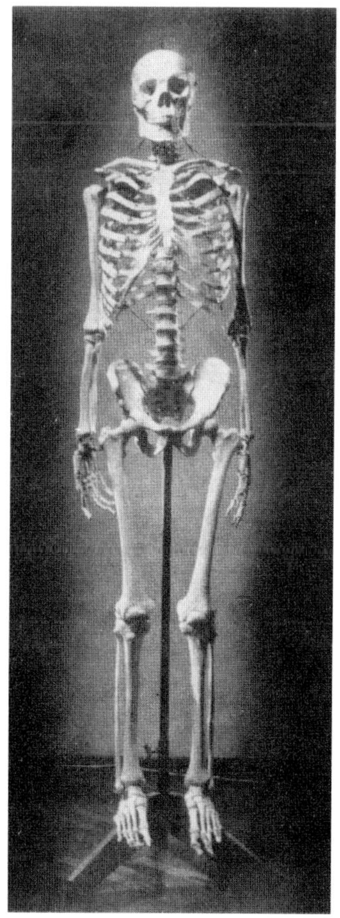

Eine Wiener Idee

MUSIK AUF BESTELLUNG –
EINE ALTE TRADITION IM WIENER KULTURLEBEN

Die Besteller waren Adelige oder kirchliche Kreise, die Feste bzw. Gottesdienste mit erlesenen Kunstwerken (incl. Alleinrechten) ausschmücken wollten. Dieser Ausschließlichkeitsanspruch ging so weit, daß des öfteren Sänger und Musiker die Noten bei Strafe nicht weitergeben durften. Der Skandal war groß, als in Mailand W. A. Mozart in Jugendjahren so ein Werk nach einmaligem Anhören fehlerfrei niedergeschrieben haben soll und so diese Komposition ihren Weg in die Öffentlichkeit fand.

Heute werden die Urheberrechte von speziellen Verbänden geschützt. Die Möglichkeit, eigens für sie geschriebene, könnens-, anlaß- und besetzungsgerechte Musiken bestellen zu können, ist aber praktisch für Solisten, Ensembles, Chöre und andere Interessenten kaum mehr möglich.

In Wien lebende in- und ausländische Komponisten und Texter haben sich nun lose zusammengefunden, um diese Lücke auszufüllen. Durch verschiedene Altersgruppierung, Schulungskreise, Auffassungen und stilistische Unterschiede wird die Möglichkeit geboten, praktisch für jeden Bedarf den richtigen Komponisten zu finden. Die finanzielle Grundlage wird durch die genannten Verbände gegeben, sodaß auch der „Anschaffungspreis" keine zu große Belastung darstellt.

Zeitgenössische Musik hat viele Spielarten und ein breites stilistisches Spektrum. Musik direkt fördert eine alte Tradition und will sie mit ihrer Arbeit erneuern und gleichzeitig den Interpreten aktuelles, für sie geschaffenes Material bieten. Wien war nur allzuoft Impulsgeber für musikalische Richtungen, und so soll es auch bleiben!

Unter der Postfach-Nummer 372, 1060 Wien können erste Kontakte geknüpft werden. Direkte Gespräche bringen in persönlichen Absprachen die Partner zusammen und der Welt nicht zu selten neue Kunstwerke besonderer Art.

Wer trägt schon Geigen nach Wien?

Die wohl älteste Darstellung eines geigenähnlichen Bogeninstrumentes (Abb. 1) findet sich im Utrechter Psalter – entstanden um 830. Sie stellt David dar, im linken Arm eine Dreiecksharfe, in der Hand eine Fiedel haltend, die sich deutlich von den in der damaligen Zeit mit Bogen gestrichenen Lauten unterscheidet. Sicher hatte diese Federzeichnung Vorbilder, sodaß der Ursprung der Fiedel, ab 1200 mit dem Namen Geige (franz. „gigue“ = Schinken) gleichgesetzt, viel früher angesetzt werden kann. Das Nibelungenlied nennt Volkers Instrument bald Fiedel bald Geige – und dieses Instrument erklang bei der Hochzeit Etzels mit Krimhilde in . . . Wien.

Eine auch der heutigen Geige schon sehr ähnliche Form (Abb. 2) findet sich in der Welislav – Bibel des 13. Jahrhunderts.

Abb. 1

Abb. 2

Die Entwicklung der modernen Geige ist eine italienische Domäne, die sich auf den Zeitraum zwischen 1450 und 1550 festlegen läßt. Zu den zweifelsfrei ältesten erhaltenen Exemplaren zählen Werke von Andrea Amati, dem Begründer der Cremoneser Geigenbautradition und den Meistern Gasparo da Salò und Giovanni Paolo Maggini aus Brescia. In den Namen Nicolo Amati (1596–1684), dessen Schüler Antonio Stradivari (1644–1737) und Giuseppe Guarneri del Gesù (1698–1744) erreicht der Geigenbau seine Hochblüte, die Stadt Cremona aber Weltruhm, der bis heute nicht mehr erloschen ist.

Aus dieser Tradition entstand die Fachschule für Geigenbau zu Cremona, in die es Herbert Rahs (geb. 1957 in Vorau, Steiermark) zog. Nach dem Ausbildungsabschluß 1979 bei Francesco Bissolotti, einem der anerkanntesten Meister des heutigen Italien, arbeitete er zwei Jahre selbständig in Cremona, um die Kunst des Geigenbaus an der Quelle auszuüben.

Rahs ist ein Charakter, der die Verbindung von Tradition und Fortschritt, das Einbringen

neuer Erkenntnisse in den Fluß des Weiterwachsens, als selbstverständlich ansieht. So ist es nur logisch, daß sich an die Cremoneser Zeit Studien- und Wanderjahre anschlossen. Diese dem Mittelalter nachvollzogene Lerntradition ist heute immer wieder anzutreffen und in zahlreichen Wiener Betrieben findet man Meister, die ihr erworbenes Wissen durch direkten Vergleich im In- und Ausland ergänzten.

Knapp drei Jahre arbeitete unser Geigenbauer anschließend in der Schweiz, erwarb in verschiedenen Werkstätten Erfahrungen und faßte dann den Entschluß, „allen Gewalten zum Trotz" die Hauptstadt des Geigenspiels aufzusuchen und in Wien Geigenbautradition der Violinspieltradition anzubieten.

Da es in einer Stadt wie Paris über hundert, allein in Zürich immerhin zehn dieser Spezialwerkstätten gibt, mußte ihn doch Wien, die Stadt der Philharmoniker, Symphoniker und zahllosen Streichinstrumente-Studenten bei seinem „Überangebot" von sechs einschlägigen Betrieben mit offenen Armen aufnehmen. Der junge Meister, der er inzwischen geworden war, hatte aber die Zunft – wohlvertrautes Relikt aus längst vergangenen Handwerkszeiten – außerdem die fehlenden Wiener Großmütter, nicht einkalkuliert und so sah er sich vorerst in eine Rolle gedrängt, die seiner Sensibilität und dem Arbeitswillen mit künstlerischen Ambitionen so gar nicht liegt. Plötzlich wurden Durchsetzungsvermögen, ein „bisserl Intrigieren" und Konterfähigkeiten auf das typisch wienerische Konkurrenzverhalten gefordert.

So ist in der Mariahilfer Straße wieder eine Geigenbauwerkstätte entstanden. Über viele Treppen im Haus 89a erreichen Herbert Rahs seine Kunden – üblicherweise nach telefonischer Voranmeldung unter 56 78 07 – und er begann

mit jugendlicher Begeisterungsfähigkeit seine Intentionen eines bedarfsgerechten Geigenbaubetriebes zu verwirklichen.

Bei Reparaturen vertritt Herbert Rahs die Ansicht, daß die alleinige Instandsetzung eines Instruments nicht genügen kann. Das Einrichten von Streichinstrumenten muß im Hinblick auf ihren spezifischen Verwendungszweck geschehen, die Anpassung an die individuelle Spielweise des Benutzers stellt das unumschränkte Hauptanliegen dar. Aus dieser Sicht ergibt sich ein Abrücken vom rein Handwerklichen, dessen Beherrschung eine selbstverständliche Komponente der Berufsausübung ist. Die Erkenntnis, daß jede Epoche der Musikgeschichte ihre eigene Klangvorstellung hervorgebracht hat, fordert subtiles Erfassen des Klangcharakters und die daraus resultierenden Schlüsse für die Instandsetzung oder den Neubau eines Instruments.

Vielleicht wirkt es etwas antiquiert, Herbert Rahs als „Geigenbauer mit Herz" zu bezeichnen. Aber jeder Seele sollte man mit Herz entgegentreten, und daß besonders die Geige ein Instrument mit Seele ist, wird ja niemand bestreiten.

Musik in Wien[1]

AM HOFE ZU WIEN LERNTE ICH SINGEN UND SAGEN . . .
(Walther von der Vogelweide)

Gesungen und gespielt wurde schon immer auf dem Boden des heutigen Wien. Tanz (Bewegung) und Gesang als religiös-kultische Tätigkeit oder Ausdruck der Lebensfreude oder Verzweiflung sind dem Menschen seit Anbeginn eigen, ein wichtiger integraler Bestandteil der Sprach- und Sprechentwicklung. Sämtliche Völker, die den Wiener Raum besiedelten oder streiften, hatten ihre musikalische Ausdrucksweise und übten sie auch hier aus.

Ein spezifisch wienerisches Musikleben konnte sich erst nach Zusammenfassung der Bevölkerung in eine geistige Richtung, gemeinsame Sprache und Etablierung eines Zusammengehörigkeitsgefühles entwickeln. Nach Abschluß der Christianisierung und allgemeiner Beeinflussung durch die Kirche traten diese Kriterien in Kraft, und von den Kirchen und Klöstern aus entstand gemeinsames Musizieren, von der linearen Einstimmigkeit und improvisierten Grundtonbegleitung bis zum figurierten christlichen Choralgesang.

[1] Um durch die Fülle der Daten nicht zu verwirren, werden die allgemein bekannten (oder eruierbaren) Geburts- und Sterbedaten weggelassen.

Die weltliche Musik ging von diesem Idealvorbild aus, in Personalunion getextete und vertonte Lieder (Dichtung und Komposition entstanden improvisiert gleichzeitig) wurden im Volk weitergegeben, zersungen, umgebildet, neu gedeutet. Seltene Beispiele der religiösen und profanen Musik bis 1100 werden durch die Entwicklung und Sammlung von Schriften ab dieser Zeit zu verfolgbarer, spezifisch wienerischer Musikgeschichte.

Die Anziehungskraft des Babenbergerhofes, die Förderung der Kunst durch den Adel ist die Geburt der traditionellen Vormachtstellung Wiens als Musikstadt speziell im deutschsprachigen Raum und in Europa.

Fahrende Spielleute und Vaganten streiften das Gebiet routinemäßig – ähnlich dem Reisemusikantentum von heute. Die Komponisten und Minnesänger nahmen längeren Aufenthalt, um die Großzügigkeit von Hof und Bevölkerung zu nutzen und sich an den ansässigen Musikern zu messen und zu schulen. Diese Erscheinung eines „Studienaufenthaltes" blieb bis in das 20. Jahrhundert Tradition. Auch die Berufung von „Auswärtigen" und oft auch dem Besten, was die

Welt zu bieten hat und hatte – gegen entsprechende Honorare – ist weiter zu verfolgen. Die Domingos, Karajans und Pavarottis des 12. und 13. Jahrhunderts waren der Kurenberger, Dietmar von Aist, Reinmar von Hagenau, Neidhart von Reuenthal, der Tannhäuser, Ulrich von Sachsendorf und andere bejubelte Stars, die in Wien Aufenthalt nahmen bzw. gastierten. Walther von der Vogelweide nahm von 1195 bis 1198 Station, war Chef von „Klassik" und Pop(ulärer) Musik und Dichtkunst, wetterte über die Unterrichtsmethoden und unterlag, wie auch viele andere Zeitgenossen, dem immer aktuellen Wiener Intrigenspiel. Schon damals bildeten sich Lager wie heute Pavarottisten und Domingianer, im 19. Jahrhundert Wagnerianer und Brahmsianer, noch früher Gluckisten und Piccinisten; die Liebe der Wiener artete immer in Kult-Kämpfe aus. Diese Energieverschwendung am Kult(ur)-sektor macht aber auch den Wiener für politische Revolutionen unbrauchbar oder desinteressiert. In Jahren von Opernkrisen oder Dirigentenkämpfen ist die politische Wahlbeteiligung besonders niedrig.

Die Musiker des 13. Jahrhunderts allerdings griffen in Wien zur Notwehr und schlossen sich 1288 zur Nikolaibruderschaft zusammen. So konnten sie Angebot und Nachfrage beeinflussen, einen gewissen Schutzkordon gegen auswärtige Musiker bilden und in die Kulturpolitik von Hof, Klöstern und Kirchen eingreifen. Bereits 1291 sind Musiker im landesfürstlichen Dienst belegt und schon 1354 wurde das „Spielgrafenamt" als oberste Musikantenbehörde eingerichtet. In seiner Spezialisierung wurde dieses Amt durch kein Kulturministerium je wieder erreicht.

Die ausübenden Musiker griffen immer mehr in das öffentliche, höfische und kirchliche Leben ein. Sie setzten Posten durch, die in Dotierung und Ansehen heute vielfach als unerreichbare Traummodelle dienen. Ab 1448 war der Posten eines Kantors und Subkantors in der Schulordnung von St. Stephan systemisiert. Die fix angestellten Organisten und Kirchenkantoren nahmen Einfluß auf Instrumentarium und Ausübungsplätze. Die 1334 erbaute Orgel der St.-Stephans-Kirche wurde bereits um 1400 vom Meister Jörg Beham durch eine neue ersetzt, die große Orgel erbaute 1507 Burghard Tischlinger. Ab 1460 ist eine dem späteren Domkapellmeister gleichzusetzende Stelle als pragmatisierter Dienstposten nachweisbar. Das Aufblühen der Kirchenmusik ist dieser vorausschauenden Planung – natürlich zogen auch die anderen Kirchen und Klöster im Rahmen ihrer Möglichkeit nach – und der Einigkeit der Musiker zu danken.

Der Hof erweiterte mit einem Organisationsdekret 1498 den Wirkungskreis seiner Musiker auf die Hofmusikkapelle und schuf damit auch die Basis für die Wiener Sängerknaben.

Zahlreiche Lehrer waren gleichzeitig gebildete Musiker, Dichter und Komponisten sowie Liedgutsammler. Hier liegen die Wurzeln der späteren Musikwissenschaftler. Führend waren auf diesem Gebiet die „Schotten". Ihr Abt, Benedikt Chelidonus, schuf 1515 ein Schuldrama mit Musik, der Schulmeister Wolfgang Schmeltzl gibt 1544 sein berühmtes Liederbuch heraus, das heute noch eines der wichtigsten Dokumente der damaligen Musikmentalität ist. Der typische Wiener Minderwertigkeitskomplex und das Bestaunen „ausländischer" Persönlichkeiten feierten weiterhin (und bis heute) fröhliche Triumphe. 1603 wurde Charles Laython zum Hofkompositor berufen, 1626 Sänger aus Mantua angebetet und teuer bezahlt. Die italienische Vorherrschaft und rigorose Durchsetzung in Stil und Personalpolitik kann auch durch die gemeinsamen Bemühungen der einheimischen Künstler durch ein Jahrhundert nicht gebrochen werden. Viele Musiker wanderten aus, das Wiener Musikschaffen ist auf einem Tiefpunkt.

Die Dominanz der „welschen Musik" dokumentiert sich besonders auf dem Opernsektor. Ab 1639 beginnt die Pflege der Oper in Wien unter Ferdinand III. Claudio Monteverdi bringt eine eigene „Wiener Fassung" seiner Oper „Il ritorno d'Ulisse" (Die Rückkehr des Odysseus) 1641 heraus, der Vizekapellmeister Marcantonio Cesti komponiert 1666 die Vermählungsoper für Leopold I. und der „Intendant der kaiserlichen Theatermusik" (ab 1673), seit 1682 Hofkapellmeister, beherrscht bis zur Jahrhundertwende die Musik am Wiener Hof. „Beherrscht" ist im wahrsten Sinne des Wortes zu verstehen. Absoluter dominierte kein Herrscher am politischen Sektor, Intrige und Psycho- bis blanker Terror waren alltäglich, diese Methoden und die dadurch entstehenden Aversionen gegen die italienischen Musiker finden ihren Ausdruck in den späteren Mordsagen, auch in der Legende, daß Salieri Mozart vergiftet hätte.

Erst Johann Joseph Fux bricht 1715 einer neuen Richtung die Bahn, als er (bis 1740) zum Hofkapellmeister bestellt wird. Mit seinen Kirchenmusiken und dramatischen Kompositionen (ab1702) beseitigt er endgültig die italienische Linie, mit seinem Lehrwerk „Gradus ad parnassum" ist er richtungsweisend für die Zukunft, was aber nicht bedeutet, daß die „Fremdenliebe" damit beseitigt wäre. 1717–1763 ist Gottlieb Muffat Hoforganist, Pietro Metastasio wird 1730 als HOFDICHTER nach Wien berufen. Über die Qualität der berufenen Künstler besteht natürlich kein Zweifel, ihre Werke wirken bis heute. Aber Bewerbungen wien- oder österreichstämmiger Personen um diese Ämter wurden – nicht nur damals – „net amal ignoriert".

Haydn mühte sich vom St.-Stephan-Sängerknaben (1740–1749) bis zum Klavierlehrer und Begleiter (1749–1759) ab, um das Nötigste zum Leben zu haben. Der Vorschlag von höchster Stelle, den späteren Wiener Klassiker zu kastrieren, um seinen Sopran nach italienischem Vorbild zu erhalten, soll nicht verschwiegen werden. Die Nichtdurchführung dieses Plans war wohl für den Betroffenen und die Nachwelt ein Glücksfall.

1752 ist das Geburtsjahr des öffentlichen Musiklebens in Wien. An den spielfreien Tagen des Burgtheaters werden in ihm „Akademien" veranstaltet, die hauptsächlich den zeitgenössischen Komponisten Aufführungen ihrer Werke ermöglichen – ein löblicher Brauch! Die Gründung der Tonkünstlersozietät war 1771 ein Markstein der Entwicklung des Musikvereinslebens. Das österreichische Element in der Wiener Musik setzt sich durch den Rohrauer Haydn, den Salzburger Mozart und den Bonner van Beethoven durch.

Nun beginnt die Zeit des großen Konzertlebens in Wien. Sozietäten, Gesellschaften, Privatpersonen und Künstler selbst veranstalten Konzertaufführungen, Liebhaberkonzerte mit Beteiligung der Prominenz – z. B. in der „Mehlgrube" am Neuen Markt ab 1882 mit Mozart – komplettieren einen reichhaltigen Konzertkalender.

Die private Lehrtätigkeit beamteter Musiker – z. B. der 1793 systematisierte Domkapellmeister

Johann Georg Albrechtsberger unterrichtete neben vielen anderen L. v. Beethoven – normt einen spezifischen Wiener Stil, bindet auch auswärtige Künstler in eine spezifische Mentalität ein und formt damit die „Wiener Klassik". Die Tonkünstlersozietät ermöglicht 1795 Beethovens erstes Auftreten, die Popularität der Künstler äußert sich in glanzvollen Begräbnissen, die durch spontane Volksbeteiligung oft früher Geschmähte auf den Parnaß erhoben.

Die Breitenwirkung und mannigfaltigen lebensnotwendigen Unterrichtstätigkeiten der Musiker aller Gattungen und Nationalitäten formten nicht nur einen berühmten Stil, sondern schufen auch eine musikalische Volksbewegung. Jeder bessere Wiener, jede etwas „höhere" Tochter spielte Klavier oder ein anderes Instrument, Laienorchester und Liebhaberensembles schossen aus dem Wiener Boden, Singen und *Spielen* war „in". Die zahlreichen Komponisten jeder Qualitätsstufe fanden die Möglichkeit, ihre Werke zu erproben, die Zahl der Uraufführungen (und oftmals Alleinpräsentationen) stieg ins Gigantische. Diese Bewegung fand ihren Ausdruck in der Gründung der „Gesellschaft der Musikfreunde 1812"; adelige Liebhaber stritten sich um Erstdarbietungen der Größen in ihren Musikzirkeln. Tausende von Kunstliedern mit wesentlichen Beiträgen von Gluck über Haydn, Mozart, Beethoven bis Schubert, erlebten ihre Feuertaufe. Neue Sonaten, Trios, Quartette bis Nonette aller Besetzungen, Hunderte Serenaden, Symphonien und andere Orchesterwerke wurden präsentiert.

Die Wiener Klassik und beginnende Romantik bestand ja nicht nur aus den genannten Persönlichkeiten, zahlreiche andere Komponisten,

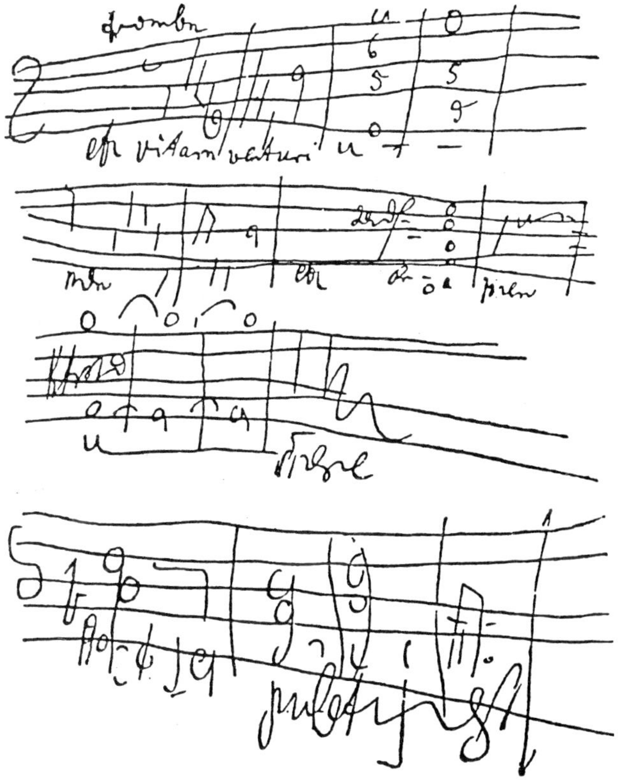

L. v. Beethoven: Notenskizze zur „Missa solemnis"

durch die Übermacht der Größen heute vergessen, fügten ihre Beiträge in den Rahmen des musikalischen Geschehens ein. Die bekanntesten sind noch Süßmaier, Salieri, Schobert, Karl Ditters von Dittersdorf, Luigi Cherubini (1805/06 in Wien), Weber dirigierte 1822 seinen Freischütz, Rossini seine Zelmira, Conradin Kreutzer war 1822–1849 mit Unterbrechungen Kapellmeister am Kärntnertortheater und 1822 debütierte der elfjährige Franz Liszt in Wien.

Dieser atemberaubende Wirbel von Ereignissen bietet jedoch nur einen kleinen Ausschnitt aus dem tatsächlichen musikalischen Geschehen dieser Zeit.

In normalen Städten würde man den Gipfel-

Franz Schubert: „Gretchen am Spinnrad“

punkt einer Epoche markieren, in Wien begann nun eine Steigerung, die nahe an Musikverrücktheit grenzt. Durch diese wahnwitzigen Aktivitäten, noch angeheizt durch den die Vergnügungssüchtigkeit steigernden Wiener Kongreß, wurde Wien fast ein Jahrhundert lang absolute Metropole des europäischen Musiklebens. Musiker und Komponisten jeder Provenience wurden davon gemessen, wie sie in Wien „ankamen“. Keine Stadt der Welt hatte ein so breites Spektrum an sich niederlassenden oder dem Umfeld entstammenden größeren und kleineren Meistern. Jeder, der auf sich hielt, mußte sich dem Prüfstand Wien unterziehen. Bei aller Borniertheit, Intoleranz und Traditionalität forderte das Wesen des Wiener Publikums direkt zu Progressivität heraus. Wer sich hier – wenn auch oft nach jahrzehntelangem Kampf – durchsetzte, hatte die Dauerhaftigkeit seiner Werke bewiesen und sie bis heute im Wertmaßstab der Musikgeschichte ganz oben verwurzelt.

Die Zweiteilung der Musik in **U**(nterhaltung) und **E**(rnst) begann mit der Wiener Klassik, allerdings noch in Personalunion. Die Tänze und Serenaden der Meister weisen bereits in die populäre Richtung der unterhaltenden Gebrauchsmusik; mit Lanner und der Strauß-Dynastie vollzog sich die Trennung. Hier darf allerdings nicht verschwiegen werden, daß Johann Strauß jun. das Vorspiel zu „Tristan und Isolde“ mit seiner Kapelle erstmals aufführte.

Eine Aufzählung aller aktiven Musiker im Wien des 19. Jahrhunderts soll unterbleiben, sie ist in jeder Musikgeschichte nachzulesen. Praktisch war jede Musikgröße Europas irgendwann in Wien, sogar Verdi dirigierte hier 1875 sein Requiem, Meyerbeer 1847 im Theater an der Wien usw.

Ein Markstein war die Gründung der Wiener Philharmoniker 1842. Damit begründet sich auch die Tradition der großen Dirigenten in Wien, und die Wiener erhielten neue Objekte in künstlerischer Hinsicht, für oder gegen die sie – im wahrsten Sinne des Wortes – kämpfen konnten. Auf diesem Sektor hat sich ja bis heute nichts geändert, nur sind die Maestros, die einen solchen Aufwand lohnen, sehr rar geworden.

Die Namenskette Otto Nicolai, Joseph Hellmesberger, Herbeck, Richter, Felix Weingartner, Gustav Mahler, Richard Strauß, Clemens Krauss, Bruno Walter, Franz Schalk bis Karl Böhm und Herbert von Karajan setzt Meilensteine in Wien längere Zeit wirkender oder ansässiger Dirigenten. Daß jeder bedeutende Dirigent des nicht-deutschsprachigen Raumes der Publikumsgunst seine Reverenz und damit Rangeinstufung leisten mußte, ist ja selbstverständlich. Auch ein Hector Berlioz und Arturo Toscanini kamen da nicht ungeschoren davon.

Die „Antonalität", Gleichberechtigung der Töne im Ablauf des musikalischen Geschehens, ist genau so logisch wie die nur in Wien beheimatete Schrammelmusik sein kann und der Walzer, der als „erotisches Ärgernis" von hier seinen Ausgang nahm. Grundlage ist die Wiener Wesensart, nach langer Anpassung das in diesem Moment Unpassende, von der Norm Ausbrechende zu tun. Besonders die „Eingewienerten" nahmen diese Eigenart besonders schnell an. Brahms, dem man nachsagte, daß sein überquellender Humor sich in der Vertonung von „Im Grab, da find' ich meine Freude" äußern würde, schrieb zur Feier seines Ehrendoktorates die hintergründig-frotzelnde „Akademische Festouvertüre". Bruckner antwortete auf die Frage, ob „die Symphonie nicht zu lange sei" mit „Dann mach ma's no länger"! Die Wiener Ohren konnten mit den Werken Schönbergs und Bergs lange nichts anfangen. „Sie werden sich schon daran gewöhnen." Bergs kurze Orchesterstücke verleiteten zur Philharmonikersequenz „unser Programm ist zu lang, nehmen wir etwas von Berg dazu, dann wird es kürzer".

Das Selbstmitleid, morbides Traurigkeitsgefühl und masochistisches Bedauern der eigenen Lage führt nicht nur zur Sucht nach dem schönen Begräbnis und der Gier von Katastrophenbestaunung. Auch in der akzeptierten Musik äußert sich dieser Charakterzug. Hymnisches Bejubeln, jauchzende Fröhlichkeit sind suspekt. In Weinlaune, bei Festen und Feiern singt der Wiener kein „Gaudeamus" oder „Jubilate". Da erklingen „Erst wann's aus wird sein", „Stellts meine Roß in Stall" oder im besten Fall „Verkaufts mei Gwand, i fahr in' Himmel"!

Daher fanden auch die Schrammeln mit ihrem „picksüaßn Hölzl" (schluchzende Klarinette) und die Umdeutung der Schubertschen Werke in die entsagende, immer falsch verstandene Äußerung die größten Erfolge. Daher auch stets die melancholische, verschleierte, entsagende Stimmung in Vertonungen des „Benedictus" in den Meßvertonungen von Wiener Komponisten ab Klassik, obwohl der Text besagt: „Hochgelobt sei, der da kommt, im Namen des Herrn!" Ein Jubeltext wird zum elegischen Schöngesang.

Und so wird die Wiener Musik in allen Sparten stets bleiben wie sie war: Einbeziehung aller Mentalitäten zu einem spezifischen Konglomerat, Wachsen aus langer Tradition mit adaptierten Fremdeinwirkungen und Unterordnung dem, was international als „in" bezeichnet wird!

Alban Berg: Klavierauszug zum Streichquartett op. 3

Kärntnerstraßen-
melodie

An lauen Abenden liegt ein Flair über dem wichtigsten Zugang zum Stephansplatz, die wohl eine Spezialität ist und zu „Wien ist GANZ anders" ein beträchtliches Stück beiträgt. Es wird auch in anderen Städten gebummelt, auf Straßen musiziert und zugehört. Aber hier ist eben alles einzigartig und . . . eben ganz anders. Im Schnittpunkt von Staats- und Kammeroper, Augustiner- und Domchor, Musikakademie und Hofburgkapelle mit ihren Sängerknaben liegt ein Brennpunkt, in dem Vortrags-, Exhibitions- und Vorzeigfreude wie ein Vulkan ausbricht. Mit einer ortseigenen Einfühlsamkeit, die keine Konkurrenz oder gegenseitige Belästigung aufkommen läßt, werden im Verlauf von 5 Geh- oder 10–15 Bummelminuten Darbietungen aller musikalischen Richtungen, Regionen und Mentalitäten geboten. Wie magisch fügen sich nahtlos südamerikanische Rhythmen, ein Mozartsches Flötenquartett, Gospels, Oldies, Vivaldi auf Gitarre, Gounods Bach – Ave Maria im Streichertrio, Chansons mit CD-Begleitung und ein Schubert-Männerchor in-, neben- und nacheinander. Hier ist auch der einzige Ort, an dem nicht über Wert und Unwert, Kunst und Schnulze diskutiert wird. Der Smokingträger bemerkt gar nicht den Langhaarigen, der Softie nicht den Rocker. Es paßt alles, was sonst nirgends passen dürfte. Und dem immer schwebenden Gesamtklang schadet keine Dissonanz, ein vierjähriger Chinese kann ruhig zu Schumanns Träumerei tanzen, das Fallen gespendeter Münzen geschieht immer im passenden Takt.

Bereitet sich der Tag vor, den immer wiederkehrenden Rhythmus der Kärntnerstraße einzuleuchten, wird im Besucher des Vorabends der Wunsch wach, die Stimmung des Erlebten zu konservieren, ein Stück davon nach Hause zu nehmen. Und da springt ihm ein Gebäude ins Auge, dezent eingefügt in den Verlauf der einzigen Weltmusikstraße, ohne knallige Reklame aufmerksam machend, daß der Gast seinen Musikbummel fortsetzen kann. In 3 Etagen findet wirklich jeder seinen Musiktraum, das Personal fügt sich traumwandlerisch sicher in die Mentalität eines Auswahlbummels ein.

Und über all dem thront der bekannteste Hund der Welt! Das sind weder Lassie, Boomer, Stromer oder wie sie auch heißen mögen. Das ist *unbestreitbar* „NIPPER"!

1884 wurde dieser schwarzweiße Foxterrier in Bristol geboren und erhielt seinen Namen nach seiner Vorliebe, die Hinterseite von Menschenbeinen abzuschlecken (. . . to „nip" the back of people's legs). Er starb 1895 und bekam sein Grab unter einem Maulbeerbaum.

Francis Barrand malte den Hund um 1898 nach einem Foto, wie er einem Zylinder-Phonographen zuhörte. Die kleine Firma „Gramaphone Company" übernahm dieses Bild „His Master's Voice" als Markenzeichen 1899, nachdem die Rechte für 50 englische Pfund, 1900 mit weiteren 150 Pfund gesichert wurden. Francis Barrand erhielt 1924 weitere 350 Pfund und starb im gleichen Jahr. Bereits im Dezember 1924 wurde der Wert von „Nipper" mit 5.000.000 Pfund beziffert.

Grund dafür war die perfekte Vermarktung und die enorme Publikumsreaktion auf das originelle Markenzeichen, die bis heute ungebrochen ist.

Die Verwendung Nippers mit dem Grammophontrichter für die verschiedenen Zwecke füllt 300 Seiten eines bei EMI erschienen Buches mit einer Auswahl von 700 Anwendungsbeispielen.

Eine Original-Fotographie Nipper's

Von Zigarettengarnituren über Briefwaagen zu Möbeln, Geschenkartikeln, Geschirr, Messern und Regenschirmen, Schmuck, Medaillen, Buchständern, Krawatten, Shirts, Uhren, Büchsenöffnern reicht der Bogen zu Hochhausdachabschlüssen und Barreklamen.

Die 1898 gegründete „Gramaphon Company"

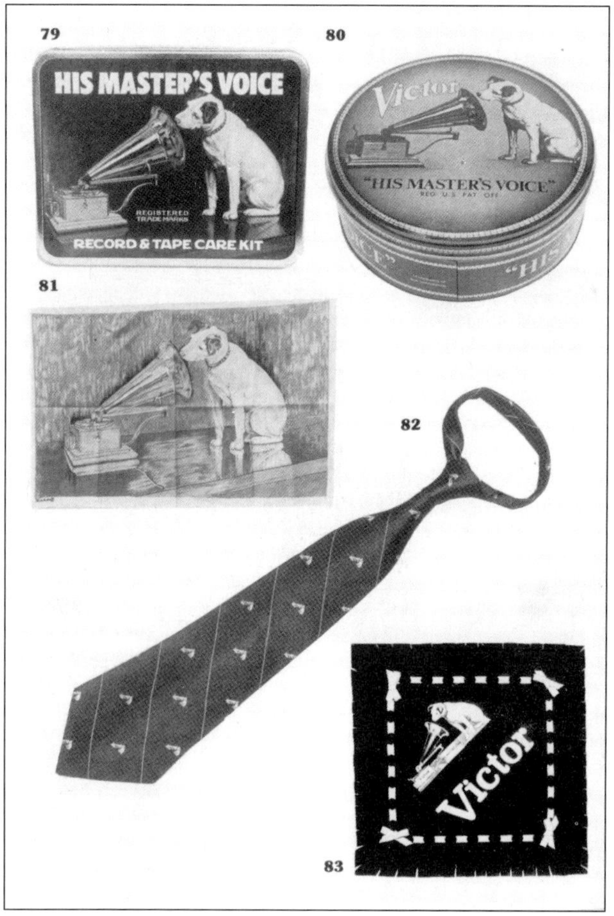

Nipper-Souvenirs

erlebte nicht zuletzt durch Vermarktung und Werbewirksamkeit ihres Maskottchens einen Aufschwung, der zur Expansion in alle absatzträchtigen Gebiete führte. Bereits 1909 erscheint diese Gesellschaft mit ihrer Schallplattenmarke „His Master's Voice“ in Wien (Graben 29/Trattnerhof 2) und integriert die „Österreichische Grammaphon Ges.m.b.H.“, die seit 1908 hier ihren Sitz hatte.

Als Konkurrenzunternehmen bestand bereits seit 1905 die Vertretung der englischen „Columbia“-Schallplatten auf der Linken Wienzeile unter Herrn E. R. Thallmayer.

Der klein gewordene Absatzmarkt des nach dem Weltkrieg verbliebenen Restösterreichs bereitete allen Firmen und Marken wirtschaftliche Schwierigkeiten. Konzentration und Beziehung frequentierter Geschäftsbezirke waren das Gebot der Stunde. Die „Columbia“ bezog 1929 Geschäftsräume in der Kärntnerstraße 4, nahe dem Stock-im-Eisen-Platz und firmierte dort ab 31. Juli 1931 als „Oesterreichische Columbia Graphophon Agentur A.G.“, in nächster Nähe des Konkurrenten „The Gramophone Company Ltd.“ auf dem Objekt Kärntnerstraße 30/Führichgasse 2, dem heutigen EMI-Columbia-Verkaufslokal (dieses wurde 1929 bezogen).

Die Weltwirtschaftskrise ging auch am Schallplattenmarkt nicht spurlos vorüber. Die stürmische Entwicklung der Tonträger hatte ungezählte Produzenten aus dem Boden schießen lassen. Spätestens ab den Dreißigern konnten sich nur mehr die Größten halten und auch diese mußten zu Cooperation und Konzentration tendieren. Die beiden größten Giganten mit dem schärfsten Konkurrenzkampf – Columbia Graphophon und Columbia Gramophone – beschlossen Zusammenarbeit und gründeten als Dachverband die Electric u. Musical Industries Ltd. („E.M.I.“), mit Sitz in Hayes Middlesex, England.

In Österreich dauert halt alles ein bißchen länger und so wurde allen Gewalten, Krisen und Vorbildern zum Trotz diese Fusion erst 4 Jahre später vollzogen.

Heute ist die „Oesterreichische Columbia Graphophon Ges.m.b.H.“ als Tochtergesellschaft des größten Schallplattenkonzerns der Welt (E.M.I.) eine Wiener Institution mit Zentralsitz im 6. Bezirk.

Die 3 Verkaufsetagen des Hauses Kärntnerstraße 30 wurden zu einem Muß-Besuch jedes Touristen und erster Informationsschwerpunkt von Musikliebhabern jeder Richtung.

Verständnisvoll, menschlich und dennoch straff geführt von der „Chefin", Frau Bihri Steininger verbreiten 15 Mitarbeiter das Flair von Kompetenz ohne Firlefanz, Ausflüchten oder Aufdringlichkeit. Die Räume sind nüchtern, aber zweckmäßig funktionell eingerichtet. Über die Güte des Sortiments ein Wort zu verlieren, hieße die Pummerin zum Steffl tragen.

Sollten Selbstverständlichkeiten durch einen gewissen Boom einmal nicht lagernd sein, fühlt sich die betreuende Person selbst direkt betroffen und setzt Dach und Keller (hier: Himmel und Hölle) in Bewegung, um diese „Beleidigung des Geschäftsimages" ungeschehen zu machen.

Diese Identifikation mit dem Betriebsethos ist schon bei der Niederlassungsleitung (seit 1985 Holger Müller als Geschäftsführer), zu erleben. In der Kärntnerstraße tritt sie direkt dem Kunden, Stöberer oder Gast entgegen und reiht sich – siehe Beginn – kongenial in das Flair der einzigartigsten Straße der Welt ein!

Wiener Tanzimpressionen auf Polnisch

TANTE MARTAS KNOCHENARBEIT

Heute noch leiden viele Eltern unter einem traditionellen Muß, das sich – besonders gefestigt zur Zeit des Biedermeier – in allen Schichten gehalten hat: Klavier oder Ballett – das war stets die Frage!

Die Wiener Tanztradition, von Glucks Zeiten über den Lanner-Strauß-Taumel zum Hofopernballett bis zu Dirtl und Neujahrs-Donauwalzer ist ein Bestandteil der Wiener Seele. Die durch die Weite der Monarchie eingebrachten Impulse beginnen sich in der Gegenwart immer fester einzuwurzeln. Ballettlehrer aus allen Teilen der glorreichen Vergangenheit und den Anrainerstaaten formen eine Tanzmonarchie, wie sie sich in ihrer Einheit und dennoch ausgeprägten Eigenheit seiner Glieder nirgendwo verwirklichen könnte.

Demonstrieren wir an einem Beispiel eine besondere Spielart einer Ballettschule, die dem traditionell gewachsenen Bedürfnis nach künstlerischer Betätigung der Töchter – und nicht nur der „höheren" – abhilft. Ein Instrument oder Ballett – das war stets die Frage.

Auch bei Marta Krzyszkowska, verehelichte Plamenac, deren Großvater Geiger an der Staatsoper Wien, die Schwester ihres Vaters, Maria Krzyszkowska, aber Primaballerina war, ist heute noch Opernballettdirektorin in Warschau. Diese Tante, europaweit bekannt, war wohl der Anstoß, daß die 1950 in Warschau geborene Marta bereits 1958 im städtischen Ballett von Warschau ihre Ausbildung begann. 1969 erreichte sie das staatliche Ballettdiplom und tanzte in diversen polnischen Theatern. Sie ist natürlich in System, Technik und Methode eine überzeugte Anhängerin der osteuropäischen Tanzmethode, die besonders von den berühmten

Marta Plamenac

russischen Balletten und Tänzerinnen bzw. Tänzern und der großen Ballettmethodikerin Waganowa vertreten wurde.

Ihre vielseitigen Interessen dokumentieren sich auch in einer Filmproduktion in Rom mit Nino Castelnuovo. Dennoch blieb sie ihrer Ballettbesessenheit treu. 1972 kam sie mit polnischer Ausreisegenehmigung legal nach Wien und tanzte bis 1974 im Raimundtheater. 1977 heiratete sie ihren Mann, der völkisch eine montenegrisch-italienische Herkunft und jugoslawische Nationalität aufweist.

Eine Knieoperation beendete ihre aktive Tätigkeit. Sie leitete diverse Tanzschulen bis sie 1987 ihr eigenes Institut in der Mariahilfer Straße 66 im 7. Wiener Gemeindebezirk eröffnete.

Ihre Methode ist konservativ nach dem russischen Modell eingerichtet. Disziplin, Einsatz und Aufopferung sind Grundvoraussetzungen für die Schulung ihrer Prägung. 5 Prozent Talent genügen, um mit 95 Prozent Arbeit ein Maximum zu erreichen.

Sie selbst sinkt „nach der Stunde“ total fertig und „geschlaucht“ in ihren Stilsessel hinter dem Stilschreibtisch in ihrem Stilbüro und ruft durch die offenen Türen den abziehenden Ballettratten liebevoll ein „Agnes, nichts Schokolade mehr!“ – „Evelyn, iß nicht so viel!“ – „Sabina, am Popo hast du Kilo zuviel!“ nach.

Jedoch beim nächsten Kurs, 15 Minuten später, ist von ihrem „Ich bin fix und fertig“ nichts mehr spürbar. Sie ist wieder voll da, sprüht vor Kritik und Anweisungen, saust wie ein Irwisch durch die Reihen, lästert über Nudelfüße und Waschlappen, korrigiert Schultern, Rückenpartien, Köpfe, Arme und Handhaltungen und läßt ihr berühmtes „Vierte (Dritte; Zweite . . .) hab' ich gesagt“ in 15 Minuten gezählte 32mal ertönen. Dazwischen stöhnt sie: „Oh Gott, alles weich wie Butter!“. Keine Atempause, kein Ruhepunkt; „rasten kannst du zu Hause!“.

In all dem schwingt aber immer ein Unterton von grenzenloser Liebe zu ihren Schülern und der Sache mit, und daß sie von allen als „Tante Marta“ bezeichnet und trotz ihrer Knochenarbeit geschätzt wird, trägt sie stolz wie einen Orden. Und die Früchte ihrer Schulung ernten alle bei Einladungen zu Balleröffnungen, Festlichkeiten und Auftritten, die immer ihrem Institut das beste Zeugnis ausstellen.

Erst der Mensch, dann der Raum

ANALYSE EINER METHODE – ENTWEDER ODO

Die Wege zum erfolgreichen Unternehmen, etabliert als Spezialität im besten Sinne und dennoch nicht in der Öde konfektioneller Aneinanderreihung versinkend, sind oft seltsam und schwer nachvollziehbar.

In diesem speziellen Fall nehme man einen phantasievollen, in allen Finessen des Möbeltapeziererhandwerkes erfahrenen und eingeweihten wirklichen Meister. Das Schicksal füge ihm eine ergänzende Partnerin aus der Modebranche bei, deren kongenialer Instinkt, adäquater Unternehmungsgeist und sicherer Geschmack die geschäftliche, die menschliche Bindung für eine unbedingt notwendige familiäre Basis zum Aufbau eines gemeinsamen, aus dem Üblichen sich heraushebenden Geschäftes bilden.

Handwerkliches Können und sicheres Erfassen modischer Trends und zeitloser Eleganz ergeben die Synthese für das Image des „Dvorak" im Einrichtungswesen.

Die auffallendste Komponente der Gestaltungsphilosophie in diesem „ganz anderen" Einrichtungshaus offenbart sich in der Ausstellungsgestaltung der Schauräume. Sie suggeriert in einer Ebene mehrflächig abgehobene, stilistisch

Das „ganz andere" Einrichtungshaus

andersgeartete Elementgruppen, die durch diesen Kunstgriff die Auswahl für verschiedene räumliche Gegebenheiten ermöglichen. Einfacher ausgedrückt stellen diese Räume kein Sammelsurium „zum Aussuchen" dar, sondern komponieren diverse Elemente zu stilistischen Einheiten, die jede für sich den Rahmen im Zusammenspiel mit einer ganz persönlichen Mentalität bilden. Dadurch wird auch die Verschiedenheit der preislichen Komponente aufgehoben, die jede dieser Gruppen in sich vollendet, aber eben nur für eine gewisse Milieuwesensart geschaffen wirkt.

Familie Dvorak

Die Umsetzung dieser raumbezogenen Einfühlsamkeit wird durch eine psychologische Komponente ergänzt. Es ist dies die festverwurzelte Ansicht, daß die Raumgestaltung nicht nur von den baulichen Gegebenheiten beeinflußt werden soll, sondern in erster Linie von der Individualität ihrer ständigen Benutzer.

Frei nach „Odo“: Die Wohnung ist der Freizeitraum des Menschen, der Familie. Die Einrichtung darf deshalb nicht aufgezwungen, steril eingepaßt wirken, sondern muß als Umfeld von Charakteren und Mentalitäten aus dem Wesen der Bewohner heraus gewachsen sein.

Einrichtung sei kein Gebrauchsgegenstand, sondern Wunschumgebung im persönlichen Freiraum für jeden einzelnen.

Daher berühren die Beratungskriterien beim „Dvorak“ vor Planungsbeginn die Gegebenheiten der späteren „Inwohner“ in der Reihenfolge a) die soziale Struktur, b) Individualität und menschliches Flair, c) Anzahl der Benutzer und dann die räumlichen und baulichen Gegebenheiten.

Welch immens mentale, psychologische, oft pädagogische und handwerkliche Schwierigkeiten bzw. Aufgaben sich die Belegschaft damit selbst vorschreibt, bedarf keiner weiteren Erläuterung und setzt ein intaktes Klima genauso voraus wie dessen Übermittlung auf den Kunden.

Um dieses „intakte Klima“ bemüht sich besonders die „Chefin“. Frau Eveline legt die Grundlagen für familiäre Struktur und Zusammengehörigkeitsgefühl des Personals – gleichgültig in welcher Position – und ermöglicht damit erst die beschriebene Firmenstruktur in menschlicher Hinsicht.

Odo Dvorak beschloß 1957 die Ausweitung

seiner selbständigen Tätigkeit auf den Möbelhandel und mietete 1957 das Objekt Haberlgasse 55/Bachgasse 1. Bereits 7 Jahre später kamen Räume in der Haberlgasse 56 dazu und 1984 vollendete die Anmietung des gegenüberliegenden Objektes Nr. 57 das „Odo-Dvorak-Dreieck". Die bereits erläuterte angestrebte Großflächigkeit für Demonstrationszwecke, nun auf 1.000 m² angewachsen, bildet die Basis für die ständig notwendige Anpassung an Trendwenden, stilistische Vielfalt und Betonung der Polstermöbelabteilung. Der Zwang zur Expansion – die Bestätigung der Firmenlinie durch Erfolg – setzte den vorläufigen Schlußpunkt mit dem Erwerb des Hauses Bachgasse 6.

Nach der „Einheirat der Modebranche" 1971 wurde die Wirkung der Anpassung an die Kundenmentalität besonders vorangetrieben. 1978 konnte das erste Domizil gekauft werden.

Die familiäre Komponente und ihre Übertragung auf das Geschäftsimage wurde weiter geprägt durch die Kinder Patricia (geb. 1972), Sabine (1977) und Odo (1984). Ein intensives Sympathieband umfängt sofort jeden offenen, unisolierten Menschen, gleichgültig ob Besucher,

Ein neues Sitzgefühl

Neugierigen, Kunden oder Testenden und verdeutlicht so die Sonderstellung von „Odo Dvorak", einer wohltuenden Spezialität im allgemeinen aufzwingenden, sterilen und beziehungsarmen Verkaufstrend unserer umsatzorientierten „An den Mann bringen"-Strategie.

Über die Frauen

Im Bewußtsein der Betrachter, Literaten, Reisenden und selbsternannten Philosophen erscheint seit dem Eintritt Wiens in die Geschichte die weibliche Wiener Bevölkerung zweigeteilt: Einerseits die „Schöne Wienerin“ (deren Bezeichnungskriterien an anderer Stelle – siehe „Wiener Blut“ – eingehend beschrieben wird), andrerseits der Typ des weiblichen Drachens, die Furien- und Hausmeistergestalten, die „Weibsperson, die selbst dem Teufel die Hölle heiß macht“. (Siehe Bognerin und verwandte Gestalten.)

Der zweite Typus bezeichnet eine mehr psychische Ausprägung, welcher die physischen Vorzüge der ersten ohne weiteres besitzt, aber durch die Dominanz des fulminanten Aggressionsmusters diese Vorzüge überdeckt und als (absolut nicht negativ zu bezeichnende) eigenständige Persönlichkeit sich von der idealisierten „Schönen . . .“ abhebt.

Durch die lange und langsame Formung der „Idealen“ tritt diese viel später als ihr Pendant in die Geschichte ein. Wir werden im geeigneten Zeitpunkt auf sie zurückkommen.

Die dem römischen Götterhimmel – Nachfahrin der griechischen Eurynnie – entlehnte „Furie“ tritt in Wien noch unter vielen Namen auf. Bißgurn, Hatschen, Morastl, Schebbern, Schlampen, Schlapfen, Unmurchen und Rauchfangtauben sind ein kleiner Auszug aus dem Beschreibungskatalog weiblicher Feindpersonen.

Die erstgenannte Bezeichnung (Furie), entsprechend den Rachegöttinnen, die strafend auf den Ehemann und im Umkreis auch auf seine Umgebung niederfährt – wohlgemerkt „von oben“, wie dies bei Göttern üblich ist –, hat seine Begründung sicher im historisch belegten lockeren Lebenswandel des Gesponsen. Über die Leichtlebigkeit der Männer aller Epochen im Wiener Raum wurden zahllose Abhandlungen geschrieben. Von den kärglichen Zeugnissen der Römerzeit über die mittelalterlichen Dichtungen und Epen, über die bischöflichen, ritterlichen und kaiserlich-königlichen Seitensprünge bis zur Mätressenzuweisung der Landesmutter Maria Theresia an ihren Franzl – und da sollten die Wiener Bürger abseits stehen? Bemerkenswert ist – von seiten der Ehefrauen – die stete Schuldzuweisung an die nichtverehelichten Geschlechtsgenossinnen.

Die Verhärtung, Vergrämung und Aggressionsphasen haben aber tiefere, alte und in den spezifischen Gesellschaftssystemen der Wienerstadt wurzelnde Gründe.

Schwierigkeiten in der Besiedlung, der härteste Überlebenskampf und die ständige Sorge vor kriegerischen Auseinandersetzungen und deren Bewältigung prägten unter den wechselnden Besiedlungsvölkern nicht nur die beschriebenen Männer, sondern auch ihre Frauen, die in der patriarchalischen Gesellschaft einem immensen Druck durch ihre untergeordneten, aber vielschichtigen Tätigkeiten ausgesetzt waren; darunter war der für sie total natürliche Vorgang des Gebärens noch die einfachste. Geburtenkontrolle durch heidnische Priester und besonders „Hebammen" war übrigens vollkommen normal. Die Kräuterkundigkeit, die sich über eineinhalb Jahrtausende vererbte und „durchsprach" – eine Geheimwissenschaft mit Ausschließlichkeitskodex –, ging leider durch die Verfolgung dieser „Weibspersonen" im Verlauf der Inquisition und „Hebammen"-(Hexen-)Verfolgung verloren. Die Bevölkerungsexplosion während dieser Zeit legt ein eindeutiges Zeugnis dafür ab.

Die Anlage des römischen Kastells Vindobona (100 n. Chr.) schuf einen vollständig neuen Frauentyp. Da den römischen Legionären das Heiraten verboten war, schleppten sie ihre Lebensgefährtin samt Nachwuchs von Stationierung zu Stationierung mit.

Die Ehelosigkeit der Soldaten hat uralte Tradition und sich bis in das 19. Jahrhundert nicht nur in Österreich erhalten. Heiratswillige in der k. u. k.-Armee mußten sich freikaufen; meist griff dann der künftige Schwiegervater ins Familienvermögen. Soldaten sollten für den Dienst an ihrem Herrn frei sein, die Versorgung einer Familie keine finanzielle Verpflichtung bedeuten und familiäre Bindungen keinen Ballast darstellen.

Hier sei eine tiefenpsychologische Spekulation eingefügt: Auch die röm.-kath. Priester wurden immer wieder als „milites Dei" – Soldaten Gottes – angesehen. Die deutlichste Ausprägung der militärischen Organisation tritt im Jesuitenorden zutage. Viele kirchliche Würdenträger waren auch Landesherrn, weltlich Fürsten, und dadurch auch Kriegsführende und Armeekommandanten. In der Geschichte des Papsttums ist eine fast durchgehende Phase des Militarismus feststellbar. Der Zölibat könnte im Unbewußten einer langen Tradition wurzeln, daß die Soldaten Gottes einem ähnlichen Kodex wie die weltlichen Soldaten unterworfen wurden. Priester als Missionare sind im Bewußtsein des Betrachters noch immer mit Kampf und „Eroberung in geistigen Bereichen" assoziiert. Die Titel eines Primas, Generalvikars und Präfekten (lat.-röm. Verwalter) wurzeln ja in militärischen Bereichen.

Zurück zu den Lebensgefährtinnen der römischen Legionäre in Vindobona: Das Kastell befand sich in der Gegend der Kirche „Maria am Gestade" bis zum Hohen Markt. Die Zivilstadt erstreckte sich um den Rennweg im jetzigen 3. Bezirk. Die ständigen Manöver, Kriegszüge, Märsche, trennten die nicht legalisierten Familien immer wieder über lange Zeiträume. Die karge Besoldung (ein Teil wurde für die Zeit nach der Entlassung – nach 20 Legionärsjahren – einbehalten) erlaubte kaum eine Versorgung der Familie. Die Frauen, meist freigelassene Sklavinnen aus allen Ländern der römischen

Welt, sorgten für sich und den Nachwuchs. Die Tätigkeiten reichten von Handarbeit über Bauerndienste bis zur Prostitution. Die einzige Erwartung war die Legalisierung als Ehefrau und römische Bürgerschaft. Hatte der Mann den Dienst überlebt, wurde mit der Soldnachzahlung meist zur Landzuteilung noch ein Stück erworben. Dadurch erfuhren die Landstriche eine vorkalkulierte Romanisierung.

Zahlreiche gehäufte Münzfunde im Gebiet des Höhenrückens Mariahilfer Straße–Gumpendorfer Straße, der durch seine geologischen Gegebenheiten ideales Weinbaugebiet war. – Vorfahren des Wiener Heurigen! Der Großteil der Arbeit lag auf den Schultern der Frauen.

Was Frauen erduldeten – in der historisch schwach belegten Zeit bis zum Eintritt der Babenberger – kann durch die Wirren der Völkerwanderung, die stete Unsicherheit und Dominanz des Mannes erahnt werden. Die Mägdlein des Adels als Tausch- und Handelsobjekte (Heiratspolitik) werden vom Rückschauenden bis ins 19. Jahrhundert bedauert. Einige Glücksfälle können den Gesamteindruck kaum mildern.

Im Mittelalter tritt die Zweiteilung der Wiener Damen noch stärker zutage. Die Schönheit der adeligen Nichtstuerinnen wird gepriesen, die „Bösartigkeit und Teufelsseele“ der Bürgerfrauen wirkt bis in Dichtung, Sage und Lied.

Der Handwerker hatte ein hartes Brot und kurzes Leben. Die Meisterwürde war nur durch die Besetzung einer – durch die Zünfte und Gilden kontingentierten Anzahl – frei werdenden Planstelle erreichbar. Dies geschah meist durch Einheirat eines Gesellen in den durch Verwitwerung der Meisterin führungslos gewordenen Betrieb.

Diese „Meisterinnen“ waren also meist schon in gehobenem Alter. Daß sich der junge Geselle anderswo schadlos hielt war die natürliche Folge. Die gehörnte Ehefrau wurde folgerichtig durch – in moderner Diktion – Frust, Spott der anderen, ständige Erniedrigung und psychischen Terror zu dem, was die zeitgenössischen Kommentare als „Schabraken“ (türkisch „Tschaprak“, abgenützte Satteldecke), „Scheusal“ (nach dem französischen Minister Choiseul, von Ludwig XV. und Madame Dubarry gestürzt) und mittelhochdeutsch „Slumpe“ (slump = unordentlich) – heute „Schlampe“ etc. bezeichnen. Der Mutter folgte nach derem Ableben oft die Tochter nach – und der Teufelskreis drehte sich weiter. Die Vermietung der jungen Ehefrauen an Adelige und höhere Besucher der Stadt ist bis ins 19. Jahrhundert belegbar.

Die meisten direkten Frauenberufe vom 17. bis in die erste Hälfte des 19. Jahrhunderts schlossen auf Grund der Beanspruchung, der niederen sozialen Stellung oder des schlechten Berufsethos eine Verehelichung meist aus. Haus-, Stubenmädchen, Zofen und gastgewerblich Tätige wurden von vornherein als Randfigur eines zweifelhaften Gewerbes eingestuft.

Schauspielerinnen ging es etwas besser, da deren Verehrer sich (ab einer gewissen Popularitätsstufe) aus höheren und auch adeligen Ständen rekrutierten. Dem Mittelmaß blieben Studenten und Lebemänner, die weder Willen noch Mittel hatten, die Verführte wenigstens finanziell abzusichern. Wäschermädchen und (später) Fabriksarbeiterinnen waren nicht nur Freiwild, sondern schon von der sozialen Stufe her nicht sozial verbesserungsfähig.

Was Zeit und Schmuck verbindet

„WISSEN'S, EIN SCHMUCK OHNE DER DAZUPASSENDEN FIGUR IST GAR NIX WERT!"
(Gerhard Bach zum Autor)

Wenn Frauen und Männer von alten und neuen Schmuckgegenständen wie magisch angezogen werden, wenn Haartracht und Körperbemalung verschiedenster Techniken Status- und Zugehörigkeitssymbole in primärer und schmückender Absicht in sekundärer Hinsicht sind, wenn dies alles durch die Zeit einem Wandel unterworfen ist und dennoch immer wieder den Intentionen urzeitlicher Gewohnheiten folgt, wird der magische, göttliche, kultische Zusammenhang von Zeit und Schmuck in einer ununterbrochenen Kette der Gegenwart verständlich.

Bereits die ältesten Kunstwerke der Welt sind nicht nur kultische Gegenstände, sondern weisen auch zierendes Beiwerk auf. Die berühmte Venus von Willendorf (bei Krems an der Donau) – übrigens im Naturhistorischen Museum zu bewundern – trägt außer ihrer kunstvoll geflochtenen Haartracht an ihren dünnen, angedeuteten, auf der mächtigen Brust fast verschwindenden Armen zwei Handgelenksringe. Diese elf Zentimeter hohe Kalksteinstatuette entstand um cirka 23000 v. Chr. und läßt den Schluß zu, daß um diese Zeit kunstvolle Haartracht und einfacher Schmuck wenigstens zu kultischen Anlässen getragen wurden. Auch der nur 3,5 Zentimeter große Kopf der „Dame von Brassempouy" aus Westfrankreich, etwa zur gleichen Zeit aus Mammut-Elfenbein verfertigt, fällt durch ihre kunstvolle Haartracht auf. Die zu dieser Zeit

Das Meisterstück

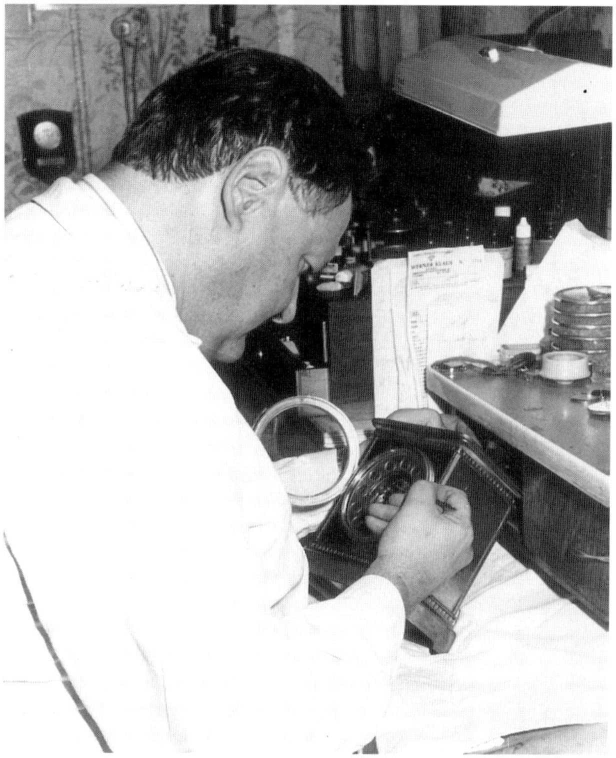

Gerhard Bach

lebenden Cro-Magnon-Menschen gaben neben Gebrauchsgegenständen ihren Toten auch sorgfältig gearbeiteten Schmuck (wahrscheinlich Talismane) auf den Weg mit. Manchmal finden sich auch Ketten von Muscheln und durchbohrten Zähnen, Haarnetze sowie Ringe an Armen und Händen. Die monarchischen, dem Religiösen verhafteten altorientalischen Staatsgebilde entwickelten um 3000 v. Chr. ähnliche Bestattungsriten, der Schmuck wurde durch die Einbeziehung von Metallen kostbarer, reichhaltiger und vielfältiger in Form und Gestaltung.

Aber nicht nur Schmuck war Schmuck. Aus dem Religiösen erwachsende Bemalungen, standesunterscheidende Haartrachten und kultische Gegenstände wie Federn, Amulette und die Zeit in sich bindende Ringe, die an Fingern, Armen, in Ohren und Nasen getragen wurden, breiteten sich über alle Hochkulturen aus. Das Schicksal wurde untrennbar mit dem Zeitablauf verknüpft, Kultstätten dienten auch als „Observatorien" (Stonehenge u. a.), die durch ihre Beobachtungsmöglichkeiten kalendermäßige Funktionen erfüllten.

Auch die christlichen Religionen bedienten sich der Verbindung von Schmuck und religiösem Beiwerk. Kreuze, Reliquienamulette rufen wie in Urzeiten göttlichen Schutz auf den Träger herbei, geweihte Ringe symbolisieren die Endlosigkeit der Zeit in Verbindung mit Gott.

Die göttliche Komponente der Zeit wird besonders in der Zeitrechnung deutlich. Hochkulturen wie z. B. Byzanz berechnen sie ab der göttlichen Erschaffung der Welt, ebenso die Juden, Ägypter nach den Regierungsantritten der gottgleichen Pharaonen, Buddhisten ab dem Todesjahr Buddhas u. s. f. Sonnen- und Mondkulte verbinden die nach dem Stand der Gestirne bemessene Zeit mit der Übertragung als Symbole auf Schmuckgegenstände. Sonnenscheibe und -rad, Mondstein und -sichel, Schmucksterne bis zur Symbolik der „Sternflammenden Königin" in Mozarts Zauberflöte sprechen in diesem Zusammenhang eine beredte Sprache.

Und schon immer unterschied der Träger zwischen Massenproduktion und Charakter und Erscheinungsbild angepaßten Stücken.

Besonders die Wiener Szene hat schon immer auf diese Kriterien Wert gelegt. Kaiser-, Königs- und Adelsattribute unterschieden sich untereinander ebenso wie Bürger-, Bauern- und Dienstbotenzierat.

Die Uhren- und Schmuckanbieter sind sich dieses Umstandes ebenso bewußt wie die Käufer.

Die Vielfältigkeit der Betriebe in qualitativer, materieller, produktionstechnischer und vertriebsorientierter Hinsicht ist praktisch unüberschaubar. Mindestens 75 Prozent aller Branchen bieten in irgendeiner Form Verschönerungsartikel zum persönlichen Bedarf an. Wenden wir uns einem Unternehmen zu, das die dem Wiener konformste Art eines Uhren- und Schmuckfachgeschäftes darstellt, unspekulativ, kundengerecht und größenmäßig überschaubar. In der Gumpendorfer Straße 82, der alten Hauptader der ehemaligen Vorstadt, seit 1958 Geheimtip der Freunde persönlicher Kontakte, beziehungsreicher Beratung und Feinde von Nepp und Aufdringlichkeit, befindet sich der Betrieb von „Meister Bach".

Gerhard Bach, geboren 1936, Absolvent der Meisterklasse Karlstein, schuf als Meisterstück das abgebildete Uhrenunikat, das in sich Welten einbindet. Der uralte Traum der Zeit in den Raum wird ebenso dargestellt, wie der Charakter des Schmuckhaften, und die zeitlose Darstellung eines Vorgriffes auf kommende Generationen, abgehoben von der Belastung eines modischen Trends. Und so definiert sich auch seine Geschäftsphilosophie, dem heutigen Menschen die Schönheiten und Wunder alter Formen in zeitlosem, neuen Gewand nahezubringen.

Seine Frau Eva schließt sich dieser Auffassung auf dem Schmucksektor, der ihr Spezialgebiet ist, nahtlos und ergänzend an. Beider Intention ist der Vorrang von Erfassung der Persönlichkeit, Kontaktaufnahme und Erweckung gegenseitiger Akzeptanz mit dem Kunden, daraus resultierende bestmögliche Beratung und Gespräche vor Anbietung und Kaufentscheidung.

Die Konsequenz ist die selbstverständliche Betreuung nach dem Kauf und das überreiche Angebot an Service und Reparatur, die als Spezialität die Wiederherstellung antiker Uhren anbietet. Natürlich wird auch jede Reparatur auf Uhren- und Pretiosengebieten durchgeführt, und eine einzelne Perle in eine Kette wird genau so liebevoll eingeknüpft wie eine Quarzuhr exakt wiederhergestellt wird.

„Mein Schmuck soll getragen werden und nicht in der Schatulle verschwinden! Als Wertanlage ist eine Goldmünze geeigneter als ein kunstvoller Ring", sagt Frau Eva, obwohl sie mit allen bedeutenden Designern zusammenarbeitet und dadurch jedem Typ etwas zu bieten hat. „Ein passendes kleines Schmuckstück wirkt doch oft viel hübscher als ein geöffneter wandelnder Tresor!"

„Die Uhr ‚für's Leben' ist ganz schön, aber der Mensch läuft ja auch nicht sein ganzes Dasein im gleichen G'wand herum!", meint Meister Gerhard und kommt damit wieder auf die Verbindung von Schmuck und Gebrauchsaccessoires zu sprechen.

Und dies führt wieder zurück zum Ursprung der gemeinsamen Komponenten von Zeit und Zierat, zur Magie von Vergänglichem und Schönheit, zum Vorrang des Menschen vor Profit und materiellem Wert. Allen Veränderungen von Berufsbild und Mode wird die Kontinuität der Menschlichkeit entgegengehalten. Schmuck und Uhren werden vom Menschen geschaffen, aber der Zauber von Schönheit und Unabwendbarkeit zeitlichen Fortschreitens liegt in seiner Seele!

. . . happy ohne End!

DENN . . . TANZEN IST SÜNDE

Tango

– und Kaiser Joseph II. gestattete 1786 den Wienern, in „Schulen" diese teuflische Wollust zu lehren und zu erlernen. Um 1710 warnte Pfarrer Hartmann in seiner „Tanzteufel"-Schrift, daß Tanzen „unflätige Bewegung und ein schändliches Schauspiel" sei. „Tanzen ist Sünde. Tanzen ist ein ehrloser Mißbrauch. Tanzen ist ein satanischer Aufzug!" Nun durften sich die Tanzmeister in der „Categorie der Freien Künste" selbständig machen.

Bis 1786 waren sie Bedienstete des Hofes. Dadurch blieb jahrhundertelang der „richtige" Gesellschaftstanz dem Adel vorbehalten.

Nun wurden die alten Tänze, zu deren Erlernung man Jahre benötigte – wie Gavotte, Menuett u. a. – verdrängt. Es ist nur logisch, daß sich nun der Walzer die Bahn brach, den man vom „Stubenmädl bis zur Kuhdirn mit ihren Liebhabern in zwey, dreymall erlernen" konnte. Einer neuen Mode wurde zum Sieg verholfen. „Menuett trägt Perücke, der Walzer hat eine Frisur." Die neuen Modesitten glichen sich dem Gewand des Bürgers an, protestierten gegen die Steifheit und Dominanz der Hoftracht.

Der ethische Widerstand gegen neue Tänze

hält bis in unser Jahrhundert an. Noch 1920 wird der Walzer im „Klassischen Tanzbuch“ als sittenwidrig erklärt: „Die Haltung in allen walzerartigen Tänzen ist eigentlich unzulässig, da dadurch die Tänzerin ganz in die Gewalt des Tänzers gebracht wird.“

Und wenn wir uns an die Reaktionen auf die heutigen Tänze erinnern, wird die Polizeiverordnung von 1913 – schon in der Zeit der Tanzschule Schmidtschläger – verständlich, in der „Tänzer, welche Schiebe-, Wackel- und sonstige anstößige Tänze ausführen, mit bis zu zwei Jahren Gefängnis bestraft werden können“. Diese Sequenz bezog sich auf die neu aus Amerika kommenden Rhythmen wie Onestep, Rag und Castlewalk. Auch das Tangofieber erfaßte zu dieser Zeit Europa und Wien. Die legendären Tanzmeister Rabensteiner und Schmoll, Inhaber der ersten Wiener Tanzschulen mit Ruf, waren noch am Gebiet der „neuen Wiener Tänze“ tätig und arrangierten auch die großen Ballfeste (u. a. im Sperl, Leopoldstadt) um 1807 bis 1833. Das „Ausländische“ konnte diese Konkurrenz nur langsam einholen, überwinden nie.

1905 ist die Tanzschule Schmidtschläger in der Mariahilfer Straße nachweisbar. Vorher schlug sie ihre Zelte wie die anderen „Etablissements“ immer dort auf, wo sie gebraucht wurde – oft an den Veranstaltungsorten, um vor dem Tanzereignis an Ort und Stelle zu unterrichten.

Die „Wiener Tanzschule“ erlangte Weltruf und die einzelnen Unternehmer schöpften in Wien aus einem ungeheuren Potential. Wie üblich wurden auch sie in soziale, bildungsbedingte und schwerpunktmäßige Kategorien gepreßt oder paßten sich selbst in diese ein. Der „Rowdy“ von 1955–1960, die „Halbstarken“ und „Schlurfs“ waren z. B. beim „Dumser“ in Neulerchenfeld oder „Rausch“ in Ottakring daheim und demolierten gegenseitig wegen verlorener Rock-and-Roll-Turniere ihre Treffs.

Beim „Schmidtschläger“ blieben diese Zeiterscheinungen aus. Konservative Führung, Beschränkung auf die Ziele der „guten alten Tanzschule“ und Anpassung an die bürgerliche Bevölkerungsstruktur schufen eine solide Basis für ruhiges, kontinuierliches Bestehen. Von kriegsbedingten Unterbrechungen abgesehen konnte das um 1880 gegründete Institut einen verdienten „Hunderter“ feiern.

1986 begann ein neuer Abschnitt. In die Mariahilfer Straße 8 zog ein neuer Geist in den traditionellen Rahmen ein.

Dieser war 1958 im Sternzeichen des Wassermanns geboren worden, begann 1973 in der Tanzschule Wagner zu tanzen und kann heute noch nicht schlüssig entscheiden, ob er nebenbei zum Elektrotechniker (mit Schwerpunkt Starkstrom) und hauptsächlich zum Tanzlehrer ausgebildet wurde oder umgekehrt.

Als Starkstromtechniker vornehmlich im Außendienst tätig, konnte er seine Vorliebe, unter und mit Menschen tätig zu sein, in die Tat umsetzen. Nebenbei als Tanzlehrer in seiner Stammschule tätig – 1979 absolvierte er die Tanzlehrerprüfung –, konnte er nicht über Unterbeschäftigung klagen.

Seine Ideen einer bedarfsgemäßen Tanzschule setzte er nun seit Übernahme des „Schmidtschläger“ in die Tat um: Das Renommee des Traditionsunternehmens verband sich nun mit Energie, Optimismus und dem Grundsatz, daß Freude an rhythmischer Bewegung – ein Urinstinkt der Menschheit – die wichtigsten Kom-

Aufenthaltsraum und Tanzsaal

ponenten zeitgemäßer Tanzausbildung darstellen.

„Ja der Wirtinger!“ In allen Nuancen mit den feinsten Abstimmungen der melodiösen Wiener Umgangsmusikalität gesprochen, umschreibt dieser Ausspruch das schwer in genormte Regeln zu bringende Flair des „Chefs“.

In allen ein- und ausschlägigen Kreisen bekannt, bildet er die Fortsetzung einer Mentalitätschronologie, die durch fast 2 Jahrhunderte den Mythos des Wiener Tanzlehrers umgibt. Sie müssen ja Chamäleons der Um- und Einstellung sein, haben als Seismograph alle berufsbezogenen, soziologischen und gesellschaftlichen Beben zu registrieren, darauf zu reagieren.

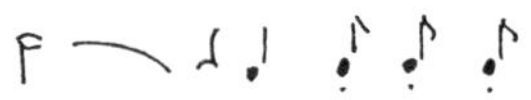

„Jaaa – der Wirtinger!“ Das „Jaaa–“, melodisch von oben nach unten gezogen, der Rest nach längerer Pause kurz, staccatohaft gesprochen, charakterisiert seine Uneinordbarkeit. Man ist sich unsicher, er seiner nicht. Tatkraft und Energie schafft eine Zielstrebigkeit, die nicht nur seine Umgebung überrollt. Er ist jedoch nicht der Vulkan, sondern der Lavastrom, in dem es brodelt und dampft, alles in sich einbeziehend, der aber dennoch im vorgegebenen Rahmen die Individualität des anderen formend gestalten läßt.

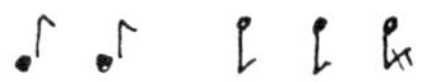

„Ja der Wirtinger“ im Quintabstand ist die meistgehörte Variante. Es klingt wie

zieh den Hut vor ihm – fast einatmend rezitiert,

und birgt in sich die Verblüfftheit vor der angesprochenen Wandlungs- und Adaptionsfähigkeit. Der Herr Doktor fühlt sich anerkannt, der Stadtrat in seiner Wichtigkeit bestärkt, der achtjährige Tanzanfänger geborgen, der 13jährige verstanden, das reifere Ehepaar nicht deplaciert und das Liebespaar sich sicher in seiner Intimsphäre.
Und das ist auch das Anliegen des „Chefs“. Für jeden der richtige Rahmen und die passende Lehr- und Lernatmosphäre. Daher baut („Ja, ja, ja, der Wirtinger“, forte beginnend und immer leiser werdend!) der Boß immer wieder um, erweitert, verbessert, ändert ständig die Umgebung zu stets neuen Bezugspunkten für die Betätigung im ständig angepaßten Rahmen.

„Ja der –“ genügt als Antwort auf unreflektierbare Äußerungen, welche die Uneinordnungsbarkeit dieser Amöbe kennzeichnet. Der legere Freund, hintergründig lavierende Verhandlungspartner, unantastbare Könner, Persönlichkeit in Smoking und Frack, Vertrauensperson für Eltern, die ihm ihre Kinder anvertrauen –,

„Ja, ja, der!“ . . . und das reicht ihm auch.

Seine Frau Renate – ebenfalls geprüfte Tanzlehrerin – bildet die für diesen Typ absolut notwendige einbremsende Schaltstelle. Diese Besinnungspausen schaffen zwar wieder neue Pläne und erruptive Ideenströme, die jedoch von der ordnenden Hand am Schaltpult zielgerecht dirigiert werden.

Freiwillige Mitarbeiter verbreiten ein Fluidum von Freundschaft und Freude und mit der Maxime, Tanzen von Kindergarten bis zur Pension (und dann erst recht) liegt die Traditionsschule mit mehr als hundertjähriger Geschichte für die nächsten Dezennien genau auf der Imagelinie – *happy ohne End!* (Und das im 7. Bezirk, Mariahilfer Straße 8.)

Wiener Kaffee

DU HASST UND VERACHTEST DIE MENSCHEN UND KANNST SIE DENNOCH NICHT MISSEN – KAFFEEHAUS!
(Peter Altenberg, aus „Via ipsa“, 1918)

Sämtliche Wiener Kaffeehäuser zu besuchen und jeweils den „Mokka groß“ probieren kostet 16.124,– Schilling ohne Trinkgeld. Der Typ des Wiener Kaffeehauses ist unveränderlich, ungeachtet der Lage, des Wohnviertels, der Bevölkerungsmentalität und der Milieustruktur, wird immer ein zusätzliches Wohnzimmer für seine Stammgäste, ein reizvolles Studienobjekt, eine Umweltanalysestation für den Neugierigen bleiben.

Der Anspruch, ein vollwertiger Vertreter dieser Wiener Lokalinstitution zu sein, wird durch einige Kriterien dokumentiert. Das Vorhandensein von verschiedenen Arten Zeitungen und eine Fülle diverser Kaffee-Zubereitungsarten sind nicht genug. Ein Kaffeehaus ist nicht installierbar – es wird. Das selbstverständliche Glas Wasser mit unzähligen Nachfolgern ohne Mehrkonsumation ist kein Kundendienst, sondern die naturgegebene Konsequenz des Raumeinbezugs in den Wohnbereich. Laufkundschaft, Tourist und Zufallsgast sind willkommen; der Stammgast und dessen Verhätschelung, Pflege und Verwöhnung die Existenzgrundlage.

Die Traditionen und diversen Eigenartigkeiten kann ein „Neuer“ nicht brechen, enttabuisieren oder ankratzen. Will er sich als „Fester“ etablieren, ist die Einführung, Achtung und Anerkennung der Hierarchie Grundvoraussetzung. Für die „Einmaligen“ gibt es eigene Reviere, die Entweihung der geheiligten Bezirke des Stammes hat unweigerlich Konsequenzen.

Auch der „Sperl im Sechsten“ hat sein „Fremdenrevier“ und manch eitler Erstmaliger fühlt sich in seiner Wichtigkeit und Erscheinung gefestigt, wenn er an den „Scheni-Tisch“ (Genie-Tisch) gebeten wird. Der Eingesessene würde ihn nie mit seiner Anwesenheit ehren. Er weiß, daß dieser Tisch früher von den Schülern des nahen Polytechnikums, den späteren „In-scheni-ären“ (Ingenieuren) als Stammplatz benutzt wurde. Die Wortwandlung durch Schlampigkeit ehrt den Unwissenden, die Einwohner lächeln.

Der Stammgast ist so resistent wie das Kaffeehaus, stabil gegen Umschwünge, Inflationen und sportliche Fiaskos, konstant in Verhalten, Erscheinung und Gewohnheiten wie „der Herr Ober“.

Wien unterscheidet fein säuberlich unter den einzelnen Lokalitäten, in denen Kaffee ausgeschenkt wird. Das Kaffeehaus als geheiligte Einrichtung ist tabuisiert und abgehoben von den anderen Betrieben – ein Inselstaat. Seit Jahrzehnten pendelt die Anzahl in Wien um 500 – nur drei oder vier auf oder ab. Der Tod eines Kaffeehauses verbreitet Katastrophenstimmung, die Stammgäste pendeln dann, lassen sich aber kaum wieder seßhaft nieder.

Die anderen Kaffeeausschanken haben kein Charisma, ihre Anzahl schwankt stark von Jahr zu Jahr; Kaffeerestaurants (Beispiele laut Statistik 1973–1989) mit steigender Tendenz von 460 auf 615, Espressos von 703 auf 993, Kaffeekonditoreien, Eldorados für Damen und Touristen, von 200 auf 260, Stehkaffeeschenken von 22 auf 115. 1989 wurden 504 (1973: 503) Kaffeehäuser verzeichnet, daneben 1.919 andere „Kaffee"betriebe; Gasthäuser, Hotelbars und andere Gastgewerbebetriebe nicht eingerechnet. (Gesamtzahl 1987: 8.463 Gastbetriebe in Wien!) Daß die Kaffeehäuser (knapp 6% der Betriebe) sich neben dieser ebenfalls kaffeeausschenkenden Konkurrenz halten können, ist ein nur in Wien mögliches „Wunder". Beleuchten wir diese faszinierende Erscheinung abseits gängiger Anschauungsweisen!

Die Theorien und Beweise um Entstehung, Ausschankgenehmigungen und „Erfinder" sind unwichtig. Das Phänomen „Wiener", maskulin und exklusiv, immer leidend und bedauernswert, stets schwankend zwischen zustehenden und verweigerten Rechten, forderte direkt die Entstehung von Tempeln voll spezifischem Weihrauch zur eigenen Glorie. Der Enge von Heim und Stadt entfloh und entflieht er in die elysäischen Weiten holzgetäfelter oder stofftapezierter Unendlichkeit. Die Schwing- oder Drehtür schließt ihn hermetisch ab von der profanen Bedrängung des Alltags, die Wandspiegel zeigen ihm noch einen letzten Blick auf den geschundenen, geknechteten Bürger und verwandeln ihn im nächsten Augenblick zum Gast.

„Wie immer, Herr Doktor" – und er ist daheim. Erst hat er Zeit für die Post, die nicht zu selten hierhergeschickt wird. Weg vom Zugriff der Sekretärin und Ehefrau. „Servus, Herr Hofrat", „Grüß dich, mein Lieber" – und keine Frage, wo man sitzt und welche Zeitung gelesen wird. Alles ist vorbereitet, ein Griff des Obers und die Welt ist völlig in Ordnung.

Konzentrisch von der (Innen-)Stadt breiten sich die Kaffeehäuser in durch die Stadtgestaltung vorgegebenen Kreisen aus. Die Stadtkaffees sind exklusiv, beherbergen Klubs und Zirkel, deren Mitgliedschaft faktisch vererbt wird, oft nur durch Todesfall oder juristische Verhinderungen erreichbar ist. In das Stammgetto vorzustoßen ist faktisch unmöglich, sogar die Oberschaft ist in Zufallsgast- und Stammbedienung gegliedert. Die Preise unterstreichen die Exklusivität, wobei manchmal Lauf- und Stammpreise (bis zu 30% unterschiedlich) zu verzeichnen sind. Diese Kaffeehäuser atmen noch den Geist des Adels, das verwehte Flair der Monarchie, die Aura des Ererbten und durch Jahrhunderte Gewordenen.

Der Tätige, bürgerlich Selbstbewußte und Träger der Republik und Demokratie ist die Säule der Kaffees zwischen Ring und Gürtel. „Der XY im sowiesoten" (Bezirk) ist genug, um Anschrift und Mentalität des eigenen zweiten Wohnzimmers zu bezeichnen. Der wahre „Stamm" kennt jedes ebenbürtige Lokal, betritt dies aber meist nur nach Einladung und Einführung durch einen Gesinnungsverwandten. Die Benennung selbst verrät schon den Status und Milieurahmen der Lokalität. Man spricht vom Stadtkaffee, vom Kaffeehaus (ehem. Vorstädte) und Vorstadtkaffeehaus (ehem. Vororte). Verschiedene Einrichtungen sind Siegel und Stempel, um die Identifizierung zu erleichtern. „Grüß dich (Gott), Herr Kommerzialrat", „Meine Verehrung, lieber Herr Kanzleivorsteher, wie befindet sich die werte Frau Gemahlin", siedelt den Umgangston im 1. Bezirk an.

„Servus, Herr Doktor", „Meine spezielle, Meister", findet im Typus des Kaffeehauses zwischen Ring und Gürtel statt.

„Servus, Jeanette, heut geht's mir gar nicht gut!" – „Morgen, Charly, hast auch beim Rennen verloren?" tönt es täglich in Hernals, Ottakring oder sonstwo außerhalb des Gürtels um 9 Uhr früh.

Der Standplatz des Telephons ist eine untrügliche Lokalisierungshilfe. Für die Geldaristokratie und Unternehmerwelt sind in der Innenstadt dickgepolsterte Telephonzellen vorgesehen, deren Türen leicht offengelassen werden können, um dem Umfeld das Lauschen leichter zu machen. Im Kaffeehaus bürgerlicher Prägung befindet sich das Gerät an oder direkt neben der Theke. Hier gibt es keine Geheimnisse oder sie sind so geheim, daß der Anrufer die Zeitansage wählt und ihr alles mitteilt, was um Himmels willen keiner erfahren darf. „Sag's aber bitte keinem weiter", ist die unerläßliche Schlußformel.

Wenn im Vorstadtkaffee keiner mithören kann, wird das Telephonat nicht durchgeführt. Das lokalpolitische Interesse – am eigenen Darmdurchzug, dem kranken Mauzerl (Katzenname), vom „Pferderl" und die hochwichtige Mitteilung, daß der Herr Medizinalrat schon wieder ein Pillerl verschrieben hat, diesmal in Hellblau, das den Einnehmer noch müder, matter und bedauernswerter mache und dennoch keiner der unzähligen Anträge auf Frühpensionierung des 30jährigen Stammtischpräsidenten durchgegangen sei – ist ja enorm.

Je weiter „draußen", desto verschlüsselter wird die Sprache, aber desto personenbezogener die Anrede. „Herr Doktor", „Herr von . . ." ist „drinnen" jeder. „Ferdl", „Gspritzter" und „Guckinger" wird „drauß'n" zur ganz spezifischen Bezeichnung und Charakteristik.

Dazu muß auch das Verhältnis der Bedienung zum Zufalls-Gast einer genaueren Untersuchung unterworfen werden.

Im Stadtkaffee wird er „behandelt". Es kommt ja auch jeder einmal in diese Kaffees, man muß einfach beim „. . ." gewesen sein. Die Namen sind international bekannt und deshalb gliedern sich die Besucher räumlich in drei Kreise. Die Fensterplätze, den äußeren „Ring" besetzen Touristen. Innen plazieren sich Wiener, die mal beim „. . ." vorbeischauen, und im „richtigen Kaffee", dem Zentrum des Tempels, wird der Stamm verwöhnt.

Im Kaffeehaus sind die Besucherunterschiede nivelliert, auch „der Fremde" wird „bedient".

Das Vorstadtkaffee „duldet" den „Durchläufer" – oder auch nicht. Der „andere" muß sich integrieren, Sonderwünsche oder Anerkennungsansprüche führen in diesen Sperrbezirken – „i laß doch a net jeden in mei Wohnung" – zu totaler Ignoration. „T'schuldigens, des is der Stammplatz vom Billardclub" ist noch die eleganteste Form eines konkreten Hinauswurfs.

Ein eigener Abschnitt muß dem Personal gewidmet werden. Der „Herr Ober" erscheint im Smoking, selten noch im Frack, und ist mit dieser Bekleidung verwachsen. Bei Begegnungen außer Dienst ohne Schwarzweiß und Mascherl wirkt er verkleidet und wird oft nicht erkannt. Dennoch ist er bei seiner Tätigkeit nicht uniformiert wie Polizist oder Soldat, er ist er und kann nicht ausgetauscht, ersetzt werden. Er wird nicht Ober, er ist Ober; in der Vorstellung des außenstehenden Betrachters hat er keinen Wachstums- und Reifeprozeß hinter sich. Er war immer er und wird es immer bleiben: alterungsimmunisiert, wesensgleich, sturmgefeit, institutionalisiert. Er ist ein Neutrum ohne privates Eigenleben, neutral in allen Lebenslagen, das Kaffeehaus ist um ihn herum gewachsen. Ohne ihn würde dem geheiligten Tempel der Priester fehlen, der Dom wäre ohne Bischof, ein Gemäuer der Sinnlosigkeit.

Für den inneren Zirkel ist er „der Herr Ober", wird aber so nicht gerufen. Der „Herr Karl, Josef etc." verbreitet Intimität, ohne ins Intime vorzustoßen. Ein „Du, Herr Heinz" wäre blanke Blasphemie, Schändung der Würde des Angesprochenen, Mißbrauch einer gewachsenen Beziehung. Der „Herr Hans" ist kein Freund im üblichen Wortsinn, sondern Eingeweihter und Behüter der spezifischen Ordnung. Vom „Herr Ober" zum „Herr Karl" ist ein langer Weg zurückzulegen, so wie vom „Gast" zum „Mitbewohner". Soll das Kaffeehaus zum zweiten Wohnzimmer werden, ist die Gunst von dessen Verwalter, sein Wohlwollen und Vorschubleisten beim Eindringen in die zentrale Integrationszone unbedingte Voraussetzung.

Vom weiteren Personal sind der „Chef" und die unsichtbare Mehlspeisköchin Fixpunkte, Schanis und Pikkolos wechseln, zu Vormittags- und Mittagsstunden wird das „Fräulein Susi" akzeptiert.

Die Stürme der Zeiten sind nicht spurlos am Kaffeehaus vorübergegangen. Organisatorische Umstrukturierung und soziologische Erweiterung brachten eine realistische Anpassung an die Neuzeit, die mit dem Tod der Monarchie begann. Frauen hielten ihren Einzug, mußten aber eigene Zirkel bilden. Die „Jugend", nicht ident mit dem natürlichen Erbnachwuchs, schuf sich eigene Bezirke und Verhaltensweisen. Aber die Mentalität – wie zu Beginn beschrieben – blieb, etwas beengter im lokalen, aber genau so weit im ideellen Bereich. Weiterhin ist das Kaffeehaus eine Oase der Ruhe und Besinnung, unberührt von der sonst obligaten Musikberieselung und rasselnden Automaten. Das leise „Klack" der Billardkugeln aus dem Hinterzimmer vermittelt einen einsamen sportlichen Berührungspunkt, die Melodielinie der zusammentönenden Gesprächslaute in dezentem Mezzopiano lullt den Alleinsitzenden ein, läßt seine Gedanken unbeeinflußt schweifen. Unbewußt wird er zum Teil der Atmosphäre und läßt sich vorgaukeln, daß er „dazugehört". Spätestens beim „Zahlen gewünscht? Bitte sehr, bitte gleich!" wird er aus seinen Phantasien gerissen, weiß er doch nicht, daß er für die nächsten Stunden noch einige „Glas Wasser" hätte haben können.

Café Sperl

In Transvaal, Afrika, erheben sich die Buren gegen die Briten, in Argentinien tobt der Bürgerkrieg, Melbourne eröffnet seine Weltausstellung, Typhus-Erreger und Ursache der Basedowschen Krankheit (Schilddrüsenüberfunktion) sowie Strepto-, Staphylo- und Pneumokokken werden entdeckt, Konrad Duden gibt sein „Orthographisches Wörterbuch der deutschen Sprache“ heraus, Tschaikowsky komponiert sein „Capriccio Italien“ und seine „Ouvertuere 1812“, Frankfurt weiht sein Opernhaus ein, in Köln wird nach 632 Jahren Bauzeit der Dom fertiggestellt und in Wien eröffnet ein neues Kaffeehaus seine Pforten.

Jakob Ronacher, Bruder des „berühmten Ronachers“ (Anton) zieht in das von ihm beauftragte Eckgebäude ein, das von den Architekten Groß und Jelinek, Theophil-Hansen-Schülern, im großbürgerlichen Stil errichtet und eingerichtet wurde. Die für Wien so typische Ecklage eines Lokals gliedert auch dieses in zwei rechtwinkelig ineinanderfließende Räume, die so trotz Raumeinheit die Separierung der Mentalitäten erlaubte und ihren Zentralpunkt mit der „Zahlbudel“ gegenüber dem Eingang hatte.

Dieses „Cafe Ronacher“ wurde bereits am Jahresende vom Cafetier Sperl übernommen und behielt diesen Namen bis heute. 1881–1884 mühte sich der Namensgeber mehr oder weniger ab. Obwohl Künstler aller Richtungen das neue, großzügig gestaltete Kaffeehaus in die Reihe der bekannten Wiener Institutionen stellten, war die materielle Basis der schon immer als „Schnorrer“ oder „Späterzahler“ bekannten Musiker, Schauspieler und besonders Maler, Zeichner und Schriftsteller für hochfliegende Verdienstpläne zu gering.

Zahlkassa gegenüber dem Eingang

Innenansicht

Ab 1884 übernahm Adolf Kratochwila das Regiment, führte das Lokal nach wirksamen kommerziellen Methoden, stellte es auf eine gesunde Basis und beließ den inzwischen populär gewordenen Namen. Das „Kreditwesen“ wurde reformiert, die Stammgästekünstler sorgten für Werbung und die Etablierung des unverwechselbaren Flairs eines „Wiener Kaffeehauses“ (siehe vorstehende Artikel) mit speziell „erzogenen“ Obern und Personal und fügte das „Sperl“ in die Reihe der anderen Institutionen ein.

Behutsam gab Kratochwila den männlichen Bewohnern des aufstrebenden Bezirkes „Mariahilf-Laimgrube-Windmühle-Gumpendorf“ Integrationshilfen in das privilegierte Leben eines Stammgastes und konnte so eine Tradition schaffen, die bis 1968 (im Familienbesitz, Nachkommen der letzten Kratochwilas leben heute noch in Wohnungen über dem Lokal) kulturelle und lokalpolitische Akzente setzte.

Seit 1. Juni 1968 führt Manfred Staub das „Sperl“. Eingehend auf den soziologischen, politischen, kulturellen und mentalitätsbedingten Strukturwandel registrierte er als Seismograph die kleineren und größeren Beben, reagierte mit nötigen Anpassungen in diversen Bereichen und schaffte die „Überfuhr“, ohne Wesen, Sinn und Aussagekraft oder Popularität des „Sperl im Sechsten“ anzutasten. Davon aber noch später.

Die raffinierte Inneneinrichtung des Kaffeehauses überdauerte – als wohl einzige in Wien – die Zeit. Die raumvergrößernden Spiegel sind Signum und gaben Schauspielern wie Girardi und Lewinsky die Möglichkeit, Wirkung und Nuancen ihrer Rollen in ihrer zweiten Wohnung zu überprüfen.

Eysler, Millöcker und Lehár nahmen hier

Außenansicht

manche Eingebungen auf. Die Atmosphäre des hohen, seitlich begrenzten Raumes wird durch die leisen Gespräche zu einer Hintergrundgeräuschkulisse, die durch die akustischen Gegebenheiten alles in sich einbindet, ohne jemals die stets gleichbleibende Frequenz zu ändern. Lautere Äußerungen werden nivelliert, sogar Frauenstimmen erhalten – gesehen in der Gesamtakustik – eine untertonreiche Farbgebung.

Ein zerbrechendes Glas bringt eine solch skurrile Dissonanz in die Geräuschkulisse, daß ein erstauntes „Aha"-Erlebnis sekundenlang die Gäste verstummen läßt.

Für zeichnerisch Begabte ist dieses beziehungslose in sich gesamt-bezogene Miteinander Intuition zu freiem, nicht auftrags- oder zweckbezogenem Schaffen. Die Marmortische luden ja direkt zum Verschönern ein und die Kellner der Kratochwila- und der Sperlzeit ließen diese Kunstäußerungen bis zum nächsten vergossenen Glas Wasser bestehen.

Die – wienerisch ausgedrückt – „Hirnidee", den Künstlern Packpapier zur Verfügung zu stellen, normte die heiteren, in froher Laune zu Papier gebrachten Skizzen und Zeichnungen zu Werken mit Beständigkeit. Nun wurde das Sperl zum Mekka von Malern, Bildhauern und Architekten. Schnellzeichnern – Karikatur- und Entwurfsbewerbe wurden ausgetragen. Siegespreis war ein kleiner Brauner oder eine erschnorrte Flasche Wein. Die Künstler waren ein fröhliches, unternehmenslustiges, liberales und ewig bankrottes Team. Der Pleitegeier schwebte über ihnen wie der Kaiseradler über der Hofburg – nicht herabstürzend, aber stets existent. Die von Kratochwila gesammelten Herzensergüsse bilden heute einen Bestandteil der Secession und Albertina, einen Beleg ungebundener, von Lust an der Sache geprägter Schaffensfreude.

Apropos Secession – sie nahm in ihrer Gründung von hier den Ausgang. Zwei lockere Vereinigungen, die „Haagen-Gesellschaft" (benannt nach dem Besitzer des zweiten Stammlokals, dem Gasthof „Zum blauen Freihaus", Gumpendorfer Straße 6) und dem „Siebenerclub", ein weiterer Stammtisch im „Sperl", allerdings erst 1895 gebildet. In Diskussionen, lebhafter (teils erhaltener) Postkartenkorrespondenz und endlich dem gegenseitigen Anstoß wurde die Gründung der Secession 1897 Realität. Nach getaner

Arbeit löste sich übrigens der „Siebenerclub“ stillschweigend auf.

Die Lokalität selbst bietet einige Eigenheiten, die im Rahmen „Wiener Spezialitäten“ unbedingt erwähnt werden müssen: Eine originale Bassena vermittelt die geliebte Wasserglasatmosphäre. Die von den Seitenwandabschlüssen in die Decke übergehenden Steinreliefe sind aus – Papiermaché. Die frappierende Wirkung verliert auch nicht bei Erkenntnis dieser Tatsache – sie wird dadurch sogar gesteigert.

Nach dem Zweiten Weltkrieg erlebte das Lokal den „Russensturm“. Das bewegliche Mobiliar wurde von der Besitzerin, Frau Kratochwila, in Sicherheit gebracht. Die Spiegel, Täfelungen und die Uhr in ihrem kapriziösen Holzgehäuse wurden Opfer der Siegesfreude unserer Befreier. Nach der Ausquartierung wurde der ursprüngliche Zustand orginalgetreu unter großen Opfern wieder hergestellt. Ein im Holzrahmen des unter der 1983 renovierten Uhr befindlichen Spiegels steckendes Metallgeschoß zeugt von der zweckentfremdenden Benutzung des „Sperl“.

Heute ist das Kaffeehaus wie früher ein Sammelbecken aller geistigen, gesellschaftlichen und generationsbedingten Strömungen. Herr Staub,

„Steinreliefs“ aus Papiermaché

noch immer ein „Chef“ im kaffeehausphilosophischen Sinn, schaffte den Kontext von „früher und heute“. Die ehemals räumliche Schichtung wich einer zeitlichen, Reibungen in den Milieustrukturen schufen ein Ineinanderwachsen; jeder Kaffeehaussüchtige – welcher Mentalität auch immer – findet sein erweitertes Wohnzimmer. Man ist wieder „nicht zu Hause, und doch nicht an der frischen Luft“. Pakete, Briefe und Billetts finden hier wieder ihren Übermittler. In Abwandlung des oben zitierten Spruches kann man heute bemerken: „Man ist nicht mehr in der Monarchie und trotzdem in einer guten alten Zeit!“ (Und dies alles denkmalgeschützt!)

Kleiner Kaffeeführer

EINE UNVOLLSTÄNDIGE ANREGUNGSSAMMLUNG.[1]
MIT Café Sperl GEKENNZEICHNETE SORTEN SIND IM „SPERL" ERHÄLTLICH!

„Benedictine":
Kaffee mit Benedictine und Zucker, Schlagobershaube mit Kakaopulver.

Biedermeierkaffee:
2 cl Marillenlikör mit kleinem Mokka, Schlagobershaube mit etwas Likör übergossen.

Brauner:
Café Sperl Schwarzer Kaffee mit Milch (groß oder klein).

Café Royal:
Weinbrand, über Würfelzucker gegossen und angezündet; in Kaffee gegeben.

„Cherry":
Spezialglas (Wiener Knicketseinglas) mit Kaffee und Sherry Brandy gefüllt, darüber Schlagobers mit zwei Maraschinokirschen.

[1] Auf Wunsch werden auch die gängigen Sorten im Teeglas serviert, dadurch (mit Wasser aufgefüllt) schwächerer Kaffee. Der Zusatz BW (Bohne weiß) kennzeichnet reinen Kaffee ohne Zusatz.

„Contreau":
Stielglas mit Zitronen-(Orangen-)Saft-Zuckerrand, gefüllt mit süßem Kaffee und Contreau.

Doppelmokka:
Café Sperl Doppelt starker Kaffee in großer Mokkaschale.

Einspänner:
Café Sperl Henkelglas mit schwarzem Kaffee, Obers und Staubzucker (Henkel, weil der Fiaker mit einer Hand die Zügel halten mußte).

Espresso:
Café Sperl Schwarzer Kaffee aus Espressomaschine (groß, klein).

Fiaker:
Café Sperl Schwarzer Kaffee mit Kirschwasser oder Rum „aufgespritzt" plus Kirsche.

Franziskaner:
Café Sperl Kleiner gestreckter Mokka (auch koffeinfrei) mit heißer Milch, Schlagobers und Schokostreusel.

Einige „Sperl"-Spezialitäten

Häferlkaffee:

Fein geriebener Kaffee mit etwas Feigenkaffee in kaltem Wasser zum Kochen gebracht, zieht zugedeckt ca. 5 Minuten. Abgeseiht und mit heißer Milch serviert.

„Intermezzo":

Kleiner Mokka, mit heißer Schokolade und Créme de Cacao verrührt und Schlagobershaube mit Praline (evtl. Mokkabohne).

Irish coffee:

Whisky und brauner Rohrzucker, mit starkem Kaffee aufgegossen und Schlagobershaube.

Kaisermelange:

Großer Mokka mit Eidotter, Honig und Cognac (Weinbrand) vermischt.

Kapuziner:

Kleiner Mokka mit einigen Tropfen Obers (bis er Farbe der K.-Kutte annimmt).

Konsul:
Großer Mokka mit einem Spritzer Obers.

Kosakenkaffee:
Kleiner Mokka im Einspännerglas, vermischt mit Rotwein, Wodka und flüssigem Zucker.

Kurzer:
Mokka, mit wenig Wasser zubereitet.

„Maria Theresia":
Kleiner gestreckter Mokka mit zu gleichen Teilen Orangenlikör und Weinbrand, 2 Kaffeelöffel Rohrzucker. Darüber mit buntem Streusel bestreute Schlagobershaube (im Laufglas serviert).

Mazagran:
Kalter Kaffee im Laufglas, vermengt mit Maraschino, Gewürzen, flüssigem Zucker und einem Eiswürfel versetzt.

Meisterkaffee:
Schale Kaffee mit Weinbrand serviert.

Melange („Wiener M."):
½ Mokkaschale Kaffee mit ½ Schale durch Wasserdampf schaumig geblasener Milch vollendet.

Mokka (groß oder klein):
Schwarzer Kaffee in großer oder kleiner Mokkatasse.

Mokka gespritzt:
Mokka mit etwas Rum oder Weinbrand.

„Obermaier":
Schwarzer, leicht gesüßter Kaffee, mit über Löffelrücken an den Rand gegossenen kaltem Obers. Wird heiß durch das kalte Obers getrunken.

Obers gespritzt:
Mit wenig Kaffee versetztes flüssiges Obers.

Persischer Kaffee:
Rahat (Süßstoff), Kardamom, Zimt, Muskat in heißem, starkem Kaffee in Mokkaschale.

Pharisäer:
4 cl Rum mit Kristallzucker in Einspännerglas verrührt, mit heißem Mokka aufgegossen und Schlagobershaube bedeckt (versteckt).

Ristreto:
→ „Kurzer".

Rüdesheimer Kaffee:
Asbach mit Zucker in Spezialtasse angezündet, mit heißem Kaffee gelöscht, Schlagobershaube mit Schokoladeflocken.

„Royal":
→ Café Royal.

Schale Gold:
Kaffee mit Obers zu goldbrauner Farbe komponiert, heller als → Brauner.

Schwarzer:
Schwarzer Kaffee, händisch zubereitet (groß oder klein).

Schwarzwälder Kaffee:
Kleiner Mokka mit Schwarzwälder Kirsch und halb geschlagenem Obers (Einspännerglas).

Sperl:
Frühstückskaffee nach Art des Hauses.

„St. Stephan":
Großer Mokka mit Pfefferminzlikör vermengt.

Steuermannskaffee:
An Orangenschale geriebener Zucker mit Zimt, Gewürznelken und Orangenschale in Rum erhitzt, im Einspännerglas mit Kaffee aufgegossen.

Teeschale Obers gespritzt:
Teeglas Milch mit einigen Tropfen Kaffee und Obers.

Türkischer:
In Kupferkännchen aufgekochter feingemahlener Kaffee, samt Satz serviert, mit Zucker oder Rahat gesüßt.

Verlängerter:
Kleiner Mokka, mit heißem Wasser auf großes „Mokkamaß" gebracht.

„Venezuela":
In Stielglas wird Jamaicarum, Orangensaft, Eiswürfel und Zucker mit kaltem Kaffee vermischt und mit Zitronenscheibe und Kirsche vermischt.

„Verkehrt":
Im Teeglas wird ein kleiner Mokka mit geschäumter heißer Milch aufgefüllt.

Wiener Eiskaffee:
Großer kalter Mokka mit Vanilleeis, Schlagobers und Staubzucker.

Wiener Melange:
→ Melange.

Wiener Spezialeiskaffee:
Wiener Eiskaffee mit Mandarinenlikör.

Gesichter des Elends

AM BEISPIEL GUMPENDORF

„VINVM NOVVM" – (VINUM NOVUM) – diese erste Erwähnung des Heurigen, neuen, jungen Weines, stammt nicht aus Grinzing oder einem der traditionellen Wiener Weingebiete, sondern (um 300 nach Christus) aus den von römischen Veteranen bewirtschafteten Rieden des Höhenrückens, auf dessen Ausläufern in Richtung Donau sich heute der 6. Wiener Gemeindebezirk – Mariahilf, Gumpendorf – erstreckt. Gumpendorf, 1130 erstmals erwähnt, gilt heute als älteste der zahlreichen ehemaligen Siedlungen (im heutigen Sprachgebrauch „Vorstädte" bzw. „Vororte") um Wien.

Nicht mehr vorhandene Grabsteine mit althebräischen Inschriften (zahlreiche Erwähnungen und historische Belege bis 1850) datieren aus den nach jüdischer Zeitrechnung Jahren 2560 „seit Erschaffung der Welt" (= 1200 vor Christus) sowie 139, 256 und 560 nach Christus.

Der erste Grabstein bezieht sich auf einen „*Riesen* namens Mordach", was bei der Kleinwüchsigkeit der Normalbevölkerung verständlich wird.

Diese Begräbnisse lassen auf kurzfristige Besiedlung, Rastplätze der Händler schließen, welche die wald- und wildreiche, gut bewässerte Gegend entlang der Wien als Stationen bei An- und Rückreise auf dem uralten transeuropäischen Handelsweg zu Rast, Regeneration und Verpflegungsergänzung nutzen.

Anders als die späteren Terrassenbesiedelungen um Wien war dieses Gebiet durch den bereits erwähnten natürlichen Durchzugscharakter ein allergischer Punkt für die Verteidigungslage der Zentralsiedlung an der Donau.

Ein römischer Wachturm bei der heutigen Neville-Brücke, einer Furt durch den Wienfluß, die ständigen Durchzüge zahlreicher Volksgruppen, die ständigen Verwüstungen (als Aufmarschgebiet feindseliger Truppen) legen beredtes Zeugnis für die Wichtigkeit dieser Gebiete ab.

Der Wachturm an der Römerstraße nach Südwesten wurde als Kapelle ausgebaut. Die letzten Überreste, beschriftete Steine, sind noch heute bei einiger Mühewaltung und Buckübungen an der Basis der Gumpendorfer Pfarrkirche St.

(Vorstädte = Siedlungen vor der Eingemeindung zwischen Ring – ehemals Stadtmauer – und Gürtel – ehemals Linienwall; Vororte = außerhalb Gürtel und die älteren Siedlungen nördlich der Donau).

Römersteine im Fundament der Pfarrkirche Gumpendorf, St. Ägyd

Ägyd zu finden. St. Aegydius – ein Schutzpatron der Jagd – weist auf die frühere Nutzung des Gebietes hin.

Es ist nicht verwunderlich, daß diese Gebiete und Ortschaften ursprünglich kein Tummelplatz für Adel, Reiche und Hochbürgertum waren. Zu labil wurde die Zukunft der späteren Vororte beurteilt. Die Namen Saugraben, Laimgruben (Laim = Lehm), Ratzenstadel, große Kothgasse (Koth = Exkremente), heute Gumpendorfer Straße, Bettlerstiege, Gumpendorf (Gumpen = Resttümpel nach Überschwemmungen), im Schöff (Schöff = Schaff, Bottich zum Weintreten mit bloßen Füße), später Mariahilf, bezeichnen drastisch die Zustände in diesem Gebiet.

Ohne auf hygienische und bauliche Regeln Rücksicht zu nehmen – woher sollten sie diese auch haben – wurden Hütten aufgebaut, niedergerissen oder umgewidmet. Obwohl klein an Bevölkerung waren die Opfer, die der Pest gebracht wurden, unvergleichlich groß. Was 1349 überlebte, wurde bei der nächsten Epidemie 1381 fast vollzählig ausgelöscht.

Dennoch muß man eine Eigenheit im Erscheinungsbild der damaligen Zeit besonders erwähnen. Zwischen Mariahilfer Straße und Wienzeile bestand ein Verbindungsgäßchen, das die „Obere Windmühle“, die Laimgrube und Gumpendorf durchschnitt. Dieser Treppenweg wurde schon in Urkunden aus der Zeit Albrechts des Lahmen und seines Sohnes Rudolf IV. erwähnt und als Bettlerstiege bezeichnet.

In dem durch Hygiene wirklich nicht verwöhnten Bezirk bildete diese Stiege eine besondere Facette an Benutzung vorhandener Begebenheiten für besonders triviale Zwecke. Mit der Berggasse am Ratzenstadel war dieser Weg der steilste öffentliche Verkehrsweg im Gebiet des alten Wien. Die Bettlerstiege ermöglichte es durch ihre Enge, die Wände der Häuser gleichzeitig mit ausgestreckten Armen zu berühren. Dieser Verbindungsweg zwischen Hügelgrat und Talsohle war enorm begangen und ein Eldorado für Bettler.

Ratzenstadel-Modell im Bezirksmuseum Mariahilf

Kaunitzgasse Nr. 7 im Modell und heute

Hatte sich der Verkehr gelegt, trafen sich hier die Bettler der Stadt und ihres gesamten Einzugsgebietes, um unter Führung ihres „demokratisch" gewählten Königs die Reviere zu verteilen, Tips und Ratschläge auszutauschen und anschließend in den zahlreichen Gastgewerbebetrieben mit dem berühmten „Gumpendorfer" ihre Erfolge zu begießen. Ab 1400 beschwerten sich Bürger und Obrigkeit über diese Zustände am „Bettlerpühel", aber auch eigens dafür abgestellte Polizeitruppen konnten der Gatterklopfer, Fechtbrüder und Bettlerweiber nicht Herr werden. Die Bettlerzeche – eine Art Innung – wurde gegründet, Bettlerarten definiert und genau beschrieben (im 16. Jahrhundert gab es nicht weniger als 30). Bettlerherbergen schützten das Gesindel und wurden von den Wienern „Wunderhöfe" genannt, da die Gebrechen der meisten Bettler bei Eintritt in diese Spezialgasthäuser schlagartig verschwanden. Gegen diese „Gewerkschaft" – wohl eine der ersten demokratischen Erscheinungen – war jede Maßnahme nutzlos.

Ebenso wurden hier die Gebiete für die Prostitution verteilt und definiert. Die Bezeichnungen „Bladenstrich" („blad" = fett, feist), „Bresten-strich" (bresthaft = krankhaft) für besondere Gustos, „Kropfertenstrich" (Kropf = Gewächs am Hals), „Kinderschnepfen" (heute Babystrich), „Ratzenhur" (= Prostitution im Ratzenstadel) haben sich zum Teil bis heute erhalten und kommen oftmals noch in den gleichen Gebieten vor.

Gumpendorf war wahrlich kein Platz zum Wohlfühlen. Angrenzend an den „Ratzenstadel", durchschnitten vor der „Großen Kothgasse", gelegen am „Saugraben", benutzt als Tagungsort der Berufsbettlergilde – ein Ort, der nur durch den als „Herrenwein" durch Jahrhunderte bekannten und gelobten „Gumpendorfer" erträglich gewesen sein muß.

Nach der Pest kamen die Türken. Sämtliche Häuser, Kirche und Pfarrhof Gumpendorfs wurden in Brand gesteckt. Nur langsam kehrten die Bewohner zurück, am frühesten ergriffen wieder die Bettler Besitz von ihrem Gebiet.

Gumpendorfer Straße/Theobaldgasse im Vergleich 1900 und 1989

Am schwersten betroffen waren die Weingärten, die von den Türken als Sammelplatz für Brennholz verwendet wurden. Dieser Übergriff ist ihnen von den Wienern nie verziehen worden. Manche Chronisten weisen den hartnäckigen Widerstand diesem Übergriff am Lebensnerv Wiens zu. Wer sich am Wein versündigt, ist dem Wiener seit jeher suspekt gewesen. Viele Berichte der Greueltaten, manch beißender Spott wäre gemäßigter ausgefallen, hätten sich die Türken nicht am Wein vergriffen.

Die hygienischen und soziologischen Verhältnisse reichen bis in das 20. Jahrhundert und kennzeichnen dieses Gebiet bis heute.

Ein ECHTER Wiener Hausmeister aus Gumpendorf bei seiner Lieblingsbeschäftigung (siehe: „Die letzten Kaiser", Seite 103)

Hygiene ist nicht nur ein Wort

(PIONIERLEGENDE)

Als ab 1847 Dr. Ignaz Semmelweis von Wien aus die Ärzte der Welt lehren wollte, sich vor Behandlungen und Operationen die Hände zu waschen, stieß er auf Widerstände, die ihn in den Wahnsinn trieben.

So dürfen auch die Beziehungen der Wiener zur Hygiene nicht mit allzu strengen Maßstäben gemessen werden. Die Vorbildwirkung des Adels, der gesammelte Exkremente von der Dienerschaft „des Duftes wegen" außerhalb des bewohnten Gebietes schaffen ließ – Urin floß noch im 19. Jahrhundert in vielen Palais und Schlössern frei in die Gänge ab –, konnte aus Kostengründen nicht nachgeahmt werden und so dienten die Straßen als Kloaken. Nicht nur um das vielzitierte Ratzenstadel, sondern auch in den anderen Stadtgebieten, die aber durch ihre weit angelegte Verbauung dem Kot weniger Sammelmöglichkeiten boten.

Das Ratzenstadel, bezeichnenderweise auf dem Siedlungsgebiet des sogenannten „Saugraben" gelegen, bestand aus zeilenmäßig angelegten Häusern, Hütten und Bretterbuden, die sich von der Wien zum Mariahilferberg hinaufzogen. Die Wasserversorgung war wegen der Hanglage total unzureichend, die natürlichen Lehmwege waren – zum Wienfluß ständig zunehmend – immer von feuchtem Erdreich und dem in den Haushalten anfallenden Unrat bedeckt.

Man stelle sich das heutige Dreieck zwischen Hofmühlgasse, Großer Kothgasse – pardon – Gumpendorfer Straße und Wienzeile mit unbefestigten Straßen vor, verbiete die Müllabfuhr und verlege die Kanalisation an die Oberfläche der Wege – genauso war's!

Und in diese Gegebenheiten investierte 1896 ein gewisser Franz Frühwirth Initiative, Unternehmungsgeist und Geld in die Gründung seiner „Spezial-Werkstätte für moderne Klosetterzeugung"!

An der Linken Wienzeile 94 errichtete er seine Armaturen- und Klosettbau-Anstalt, erfand Zubehör wie die „Hochdruck-Schwimmkugelhähne System Frühwirth", den „Original-Frühwirth-Niederspüler", das Niederspülklosett „Sparer" – gesetzlich geschützt, Klosett-Sitzbretter „Panama", „Kongreß" oder „Higiea" und ein „Blank Fix-Faeyence-Körper-Klosett". Armaturen für Wasser und Gas komplettierten das Programm.

FRANZ FRÜHWIRTH, WIEN VI. Linke Wienzeile 94

Niederspüler
Original „Frühwirth"
für Wasserleitungsanschluß.
Gesetzlich geschützt

Besteht aus einem Holzkasten, Natur Eiche, samt Deckel mit starkem Kupfer- oder Zinkblecheinsatz, 12 1/2 Liter Inhalt, mit solider Messinggarnitur (Spezial-Erzeugnis), mit „Frühwirth"-Schwimmer mit oder ohne Regulierung oder kombiniert mit Absperrventil, mit vernickeltem Druckknopf, weißlackiertem Spülrohr mit Bleibogen und Messing-Auslaufstutzen.

Nr. 30

Niederspül-Klosett
Original „Frühwirth"
für Wasserleitungsansclus.
Gesetzlich geschützt

Obiger Niederspüler kompl. mit Fayence-Schale „Panama" (auch „Simplon" oder „Baltic" verwendbar) samt Gummimanschette, mit hartem Sitzbrett samt vernickelten Schrauben und Gummipuffern.

Gesamthöhe	135 cm
Entfernung von der Wand bis Mitte Gainze bei:	
„Panama"-Schale	32 cm
„Simplon"-Schale	38 cm
„Baltic"-Schale	46 cm

Nr. 31

FRANZ FRÜHWIRTH, WIEN VI. Linke Wienzeile 94

„Blank-Fix"
aus Fayence

Nr. 67

Mit Fayence-Körper, mit eingebauter vernickelter Messingklappe und vernickelten Klappen-Bestandteilen

Entfernung von der Wand bis Mitte Gainze 46 cm

FRANZ FRÜHWIRTH, WIEN VI. Linke Wienzeile 94

„Normal"
aus Gußeisen

Nr. 66

Mit gußeisernem Unterteil und gußeiserner, innen emaillierter Schale, oder Fayence-Schale, mit einmontierter Messingklappe.
Gußeiserner Unterteil u. gußeiserne Schale außen emailartig gestrichen.

Entfernung von der Wand bis Mitte Gainze 46 cm

Aus dem „Frühwirth-Katalog" um 1900

Das Geschäft florierte, die Frühwirths trugen einen wesentlichen Teil zur Sanierung des ehemaligen Elendsviertels bei.

So geradlinig sich das Geschäft entwickelte, so verschlungen zeigten sich die Familienverhältnisse.

Franz Frühwirth heiratete die verwitwete Maria Fischer und sein entfernter Verwandter, der 1903 geborene Mathias Hietz, steigt lernfreudig und zielstrebig in die Firma ein. Bereits 1922 wird er Geschäftsführer und ermöglicht so dem Chef ein Nachgehen seiner diffizilen Interessen – unter anderem auch zu den Verlockungen des Ratzenstadels.

Diese Interessen scheinen auch zum spurlosen Verschwinden des ehemaligen Pioniers am Sanitärsektor geführt zu haben. Der neue Chef konnte nur Mathias Hietz heißen. Ab 1929 übernimmt er den Betrieb, der auch noch Frau Frühwirth und ihren amtsärztlich berufsungeeignet geschriebenen Sohn Kurt erhalten muß. Mathias und seine Frau Auguste investieren ihren äußersten persönlichen Einsatz, um auch in den schwierigsten Wirtschaftsbedingungen florierende Geschäfte zu betreiben.

Während des Zweiten Weltkrieges wurden der Chef und auch (der berufsungeeignete) Kurt Frühwirth zur Wehrmacht eingezogen und Frau Frühwirth stand Frau Hietz bei der Führung zur Seite.

Allerdings fällt Kurt Frühwirth 1943 bei Stalingrad und in der Folge siecht die Mutter mit einem organischen Nervenleiden dahin und alle Last liegt auf Frau Hietz.

Nach dem Krieg führt der Neuaufbau zu kontinuierlichem Aufstieg. Der Vorsatz, Angestellte und Arbeiter möglichst lange im Betrieb zu beschäftigen, sicherten und sichern gleichbleibende Qualitätsarbeit und beste Beziehungen mit einem dauernden Vertrauensverhältnis zum Kunden.

Der Sohn Helmut setzte nach dem Tode seines Vaters (1962) dessen Linie fort. Gemeinsam führte er mit seiner Mutter den Erbbetrieb als OHG und übernahm ihn nach der Pensionierung von Auguste Hietz 1972.

Natürlich arbeitet auch seine 1964 geehelichte Frau Hannelore mit und nun auch sein 1966 geborener Sohn Wolfgang, der nach Wunsch der Eltern in die Fußstapfen von Großvater und

Das Traditionsgeschäft vor dem Umbau

Umbau durch Hebung des Straßenniveaus

Vater treten soll. Meister Helmut Hietz ist neben seinen Kammerfunktionen der ruhende Pol der Firma und immer gesprächsbereiter Partner seiner Kunden.

Zu erwähnen ist noch der Geschäftsumbau 1963–1965. Damals wurde die Magdalenenstraße um zwei Meter angehoben und die alten Räumlichkeiten sanken praktisch zum Kellerlokal.

Heizungen, Badezimmereinrichtungen, ständiges Eingehen auf neue Technologien ergänzen heute die Palette des Betriebes.

Die Maxime des „Chefs" gipfelt in den Anforderungen Genauigkeit, Funktionsfähigkeit, Sauberkeit und Pünktlichkeit. Das Service nach der Installation ist selbstverständlich und die Firmenmentalität milieugerecht und anpassungsfähig. Die Schwerpunkte liegen noch immer auf Verbesserung vorgegebener Situationen und ständiger Hebung des hygienischen Standards.

Zweckmäßigkeit ist das Ziel des Handwerks – und das Handwerk ist in seiner optimalen Prägung Ziel des Traditionsbetriebes Hietz.

Hilf dir selbst

AM BEISPIEL CHRONOTON

Die französischen Soldaten und ihre Begleitung waren abgezogen, die Mariahilfer Straße wieder österreichisch. Die große Umstellung, die Mentalität der beliebtesten Einkaufsstraße wiederherzustellen rief zahlreiche Unternehmer auf den Plan, mit neuen Ideen frische Impulse zu setzen.

Nach der Wiedererlangung der totalen Souveränität als neutrales Österreich setzte der bekannte wirtschaftliche Aufschwung ein. Nach der Befriedigung des notwendigsten Bedarfes begannen die Wiener, Luxusgüter anzuschaffen, zu denen besonders Geräte zur Unterhaltung wie Radio-, Fernsehapparate und Tonträgerwiedergabegeräte zählten.

Das griechische „Chronos" (Zeit) und der lange vermißte „gute Ton" schienen in der Zusammenziehung „Chronoton" (etwa „zeitgemäßer Ton") dem Ing. Josef Halczak und Heinrich B. Weininger 1959 der geschäftsbezeichnende Slogan für ein Handelsgeschäft mit besonderer Note zu sein. In der Mariahilfer Straße 89 war der Beginn, die Grundidee der Weitergabe von Einsparungen bei Großimporten an die Kunden und gleichzeitigem Aufbau eines optimalen „After-sale-Services" mit bestgeschulten Kräften, um dem Kunden das Gefühl von Sicherheit, die Gewißheit bester Betreuung zu geben.

Durch die Spezialisierung als einer der ersten Importeure japanischer und anderer Fernostprodukte begann der „Chronoton-Boom". 1963 konnte die Sharp-Generalvertretung erlangt werden. Das Kundenpotential bestand zu 90% aus Österreichern. Programmatische Ankündigungen von gezielten Importen brachten die Wiener wieder zum Schlangenstehen, Service und Angebot wurden sprichwörtlich.

Die Ausweitung der Angebotspalette auf englische und westliche Geräte schuf bis 1974 den Ausbruch einer „Chronotonmanie". Die Touristen wurden aktiviert, Italiener, Griechen, Spanier füllten nach gewisser Sättigung des Wiener Marktes die fehlenden 30% der abfallenden österreichischen Kundschaft auf. Die rasante Weiterentwicklung der Elektronik, der Vormarsch von Videotechnik und Laserlightgeräten (Compactdiscplayern) brachten natürlich dem die größten Gewinne, der als erster am Ball war und Qualität mit Preisgünstigkeit und Service bestens verbinden konnte – eben Chronoton. Die

Beteiligung an der Messe in Budapest

Mitarbeiter wurden in den Firmen – z. B. Grundig, Philips etc. – geschult, Spezialisten für die Sparten TV, Video und Hi-Fi brachten optimale fachliche Beratung.

Die beste Werbung sind Mundpropaganda und zufriedene Kunden. Der Anstieg des Touristengeschäftes verschob das Nationalitätenverhältnis Österreicher zu Ausländer von 20:5 (1974) auf 15:10. Ab 1984/85 machten sich die Ausreiseerleichterungen in Ungarn bemerkbar, der U-Bahn-Bau reduzierte in der ganzen Straße das Inländergeschäft. 1980 verhielten sich die Relationen Österreich – Ungarn – andere Touristen ca. 3:1:1, 1985 bereits 1:8:2. Die Beteiligung an der ersten Hi-Fi-Messe in Budapest veränderte durch ihre Werbewirksamkeit das Verhältnis auf 1:15:2, 1988 kamen auf einen österreichischen Kunden 50 und mehr Ungarn. Die berühmten „Ungarnschlangen", mehrstündiges Warten auf Einlaß in das Hauptgeschäft im Generalicenter, Mariahilfer Straße 77 konnten auch durch 84 aus dem Boden schießende „Ungarn-Spezialshops" im Umfeld der Mariahilfer Straße nicht gebremst werden.

Die „Magyar beszelünk"-Shops („hier wird ungarisch gesprochen") mit ihrem Angebot „quer durch den Gemüsegarten" (Konserven neben Radios, Seidentücher, Kaffee und Seifen zwischen Walkman und Fernsehgeräten) verschlechterten durch „Schleppermethoden" (Ungarn, die mit aufdringlichsten Methoden Kunden in die Shops drängten; eigentlich gesetzlich verboten) und „Besetzung" von Kreuzungen durch Prospektverteiler das Image der Traditionsstraße.

Ein stark fühlbarer Rückgang der einheimischen Kundschaft erzwang die Auflassung von Traditionsgeschäften, welche sofort in beschriebener Art magyarisch „besetzt" wurden.

Überlebenschancen konnten nur durch Anpassung und Qualitätsüberlegenheit geschaffen werden. Chronoton erreichte dies durch Beibehaltung der bisherigen Linie mit Betreuungs- und Serviceschwerpunkten und Einstellung mehrsprachiger Angestellter. Durch diese Imagekonstanz vollzieht sich nun der Umstellungsweg auf den heimischen Kunden wieder klaglos. Seit der Öffnung der ungarischen Politik 1989 schließt wieder ein Magyar-Spezialladen nach dem anderen.

Chronoton wird weiter mit Kompetenz, Kundenbezogenheit und Linientreue eine wichtige Komponente im Geschäftsleben der Mariahilfer Straße bleiben – als Wiener Unternehmen, das ohne Gesichtsverlust den wechselnden Tendenzen wirtschaftlicher Gegebenheiten seinen Stempel aufdrückt.

Der erste Toyota, der in Österreich von Chronoton mit Sharp-Autoradio ausgerüstet worden ist

Betreuung vor und Service nach dem Kauf schätzt der Wiener – und in der Geschäftsphilosophie auch Chronoton.

Und die Brille auf der Nase . . .

SEHEN UND GESEHEN WERDEN

Die Wiener staunen gerne. Gibt es zu staunen, rotten sie sich zusammen. Zusammenrottungen ergeben Tumulte und Tumulte sind von der Obrigkeit nicht gerne gesehen.

Wandel in der Brillenmode: heute . . .

So war es schon 1319 in Wien, als die Herzogin Juta von Österreich den Grafen Ludwig von Oettingen heiratete. Der Anlaß dieser Volksaufläufe war allerdings nicht das Schauspiel der Vermählung, sondern das Auftreten eines Gesandten am Wiener Hof, dem Bürgermeister von Padua. Dieser erschien nämlich mit einer Brille auf der Nase.

Kurze Zeit vorher, 1267, hatte Roger Bacon, ein englischer Mönch, die Vergrößerungsfähigkeit von durchsichtigen Kugelteilen entdeckt. Unabhängig davon bemerkten Araber das gleiche Phänomen. Dieses Leseglas entwickelte sich in kürzester Zeit zur Brille und wurde besonders unter der lesekundigen Geistlichkeit und dem gebildeten Adel eine unabdingbare Notwendigkeit.

Der Name selbst leitet sich von dem durchsichtigen Halbedelstein Beryllium her, deutschsprachig bis in das 18. Jahrhundert als „Barylle“ auf dieses Mineral hinweisend.

Venedig als traditionelle Glasstadt riß die Vermarktung an sich, dort wurden die oftmals in Augsburg, Nürnberg gegossenen Gläser geschliffen und schon 1300 warnte der Senat vor Dupli-

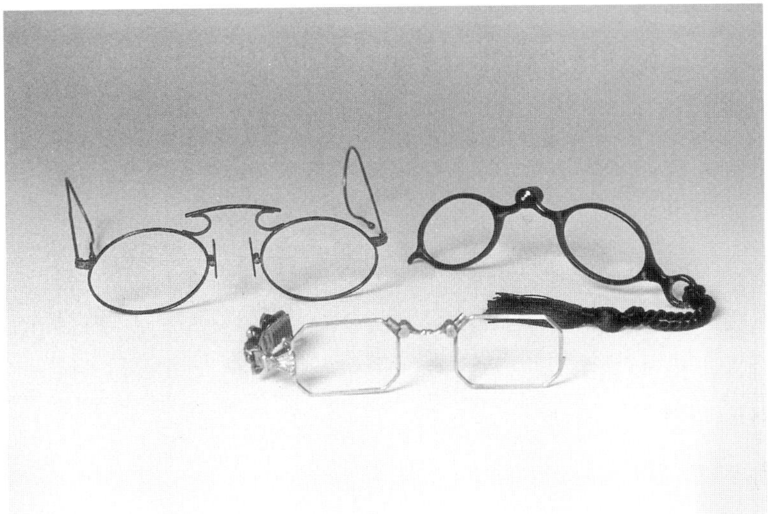

... und gestern

katen und Fälschungen, regelte mit Bestimmungen Herstellung und Verkauf.

Von hier aus trat die Brille ihren Siegeszug durch das Abendland an. Verschiedene Formen und Gestalten wurden kreiert, die englisch-arabische Erfindung als Monopol beansprucht.

Das Einglas am Stiel, dem Leseglas ähnlich, wurde von zwei nebeneinandergehefteten als „Scherenbrille“ abgelöst, nach Wunsch mit der linken oder rechten Hand zu halten. Zwei kurzgestielte Augengläser, an den Stielen durch einen Nagel befestigt, ergaben die „Nagelbrille“, immer an der Nasenwurzel festzuhalten. Im 15. Jahrhundert faßte man die Gläser mit Leder ein und befestigte sie mit Bändern an den Ohren. Der Eitelkeit der Damen wurde auch damals schon Tribut gezollt: An den Fächerstielen wurden in Lorgnetteart die Gläser eingefaßt, um scharfes Beobachten zu erlauben, ohne Kurzsichtigkeit und Neugier zu verraten. Für die Männerwelt wurden riesige Hornbrillen, auch mit normalen Gläsern versehen, hergestellt – sie verliehen dem Träger den Anstrich von Vornehmheit und Außergewöhnlichkeit.

Je mehr Menschen des Lesens und Schreibens kundig wurden, desto größer war der Bedarf an Sehbehelfen. Durch die Erfindung des Buchdruckes stieg auch das Ansehen der Brillenmacher. 1482 werden diese in Nürnberg gewerbsmäßig beurkundet. Sie wetterten gegen die „alten Mönche und Pfaffen“, die wohl „Barillen“ benötigt hätten, aber durch ihr Auswendiglernen der Texte geschäftsschädigend waren!

Und 1746 endlich konnten Brillenbenutzer im wahrsten Sinne des Wortes „aufatmen“! Die Schläfenbrille war in Paris erfunden worden; endlich fiel die Brille beim Atmen nicht mehr von der Nase.

Wien stieg erst verhältnismäßig spät in diesen aufsteigenden Gewerbezweig ein. Auch hier galt – eine typische lokale Eigenart – die Bevorzugung des Fremdländischen, Auswärtigen. Einige wenige Brillenmacher verfertigten ihre Produkte für die ärmeren Schichten mit Horn-, Schildpatt- und Metallfassungen, sie kamen aus diversen Innungen, bezogen die Gläser von den Glasschleifern. Später wurden sie zu den Mechanikern, Maschinenfabrikanten gerechnet. Die Bedeutung der „Etuimacher“ überstieg weit diejenige der optischen Spezialisten.

Aber 1867 konnte auch Wien nicht mehr an der hohen Bedeutung der Optik vorbei„sehen" – die Brille war inzwischen genau 600 Jahre alt geworden – und die Gründung der Genossenschaft der Optiker schuf die Grundlage für die Entwicklung dieses Handwerks. In ganz Österreich bestanden damals 90 dieser speziellen Betriebe, 50 davon in Wien.

Die Kaiserstadt tritt nun in den Wettbewerb optischer Entdeckungen, der Geräteweiterentwicklung, dem Kampf um die Gesundheit des menschlichen Auges ein. Das 1815 gegründete Polytechnische Institut brachte die wissenschaftliche Vorbildung, die einer neuen Entwicklung auf allen Gebieten der Optik eine solide Grundlage verschaffte. Simon Plössl (1794–1868) wurde zum Nestor der Mikroskopindustrie. Berechnung und Fertigung des bildgebenden Linsensystems, Grundlage der fotografischen Techniken, wurden durch den Mathematiker Josef Petzval (1807–1891) und den Optiker Voigtländer ermöglicht. Carl Reichert gründete 1876 eine optische Fabrik mit dem Schwerpunkt Mikroskopbau.

Fritsch konstruiert 1880 sein Spiegelfernrohr (Brachyteleskop). Durch die Entdeckung Eders 1884, daß sich Erythrosin besonders als Sensibilisator für Gelb-Grün eignet, wird in Wien die erste „orthogromatische" Fotoplatte entwickelt. Das heute noch erfolgreiche Mikroskopwerk L. Merker entsteht 1886, Fritsch konstruiert 1889 seinen Weitwinkel-Achromaten und 1894 wird durch den Wiener Techniker Reich ein Apparat gebaut, der durch einen beidseitig gelochten Zelluloidstreifen in die Lage kommt, Aufnahme und Wiedergabe von Reihenbildern zu ermöglichen. Die ersten fotografischen Bilder des Augenhintergrundes entstehen 1901 ebenfalls in Wien durch Prof. Dimmer – sein Apparat wird ab 1907 von Zeiss in Jena verwertet (typisch?).

Nur ein kleiner Ausschnitt der Leistungen des Wiener Optikergewerbes, aber bezeichnend für ein Phänomen: Sobald in Wien Interessen durch Vereinigung und Organisierung der wirkenden Kräfte zielgerichtet zusammengeschlossen werden, entsteht Außergewöhnliches. Deshalb haben auch die unzähligen Genossenschaften, Innungen, Vereine, Clubs und Zirkel ihre Bedeutung und Berechtigung.

Mit der richtigen Brille gesehen!

EIN ECHTER OTTAKRINGER

Ottakring ist ein Mirakel, das aus vielen Blickwinkeln gesehen wird, aber optisch oft verzerrt wirkt! Bereits 1150 quellenmäßig belegt, bildet es bis heute eine siedlungsmäßige Einheit, deren Tradition seine angestammte Bevölkerung prägte und einen sprichwörtlichen Typ formte – eben den „echten Ottakringer“. Der wird man noch viel schwerer als ein Wiener!

Hat man doch zwei Verheerungen durch die Türken und eine totale Zerstörung durch die Franzosen 1805 und 1809 überstanden und dennoch den autarken Bauerndorfcharakter bis ins 19. Jahrhundert bewahren können! Ein Großbrand 1835 (11. Mai) vernichtete den alten Ortsteil und zwang zu Reorganisationen und Neubeginn. Das Neu-Ottakring wurde im Sinne einer eigenen Gemeinde geplant und erbaut. Die allen Stürmen zum Trotz noch bestehende, 1460 entstandene St.-Wolfgangs-Kirche wurde erst 1912 durch ein backsteingotisches Gotteshaus ersetzt – lange nach der Eingemeindung.

Dieser hatten sich die Ottakringer, im Verein mit den Neulerchenfeldern, die total aufgeteilt wurden (durch Linienwall vom VII. und VIII. Bezirk abgetrennt) energisch, handgreiflich und erfolglos widersetzt. Trotz des Wandels zu einer Arbeitersiedlung konnten sich die Bewohner eine erstaunliche Wohnqualität erhalten und ihren Opportunismus z. B. gegen die Stelzenautobahn Flötzersteig mit massiven Protesten erfolgreicher als 1892 (Eingemeindung) einsetzen.

Diese spezifischen lokalen Eigenheiten schufen immer Persönlichkeiten, die stets „von unten beginnen, um hinaufkommen zu können“.

Für viele dieser unterprivilegierten, hartnäckigen, risikofreudigen, dennoch für die Probleme des Umfeldes offenen und einsatzbereiten Persönlichkeiten steht ein „echter Ottakringer“, der auch „von ganz unten begann, um [illegible]“ (siehe oben).

Oskar Vogel, geboren 1904, wuchs in die Zeit hinein, die den Selbsterhaltungstyp „als Hilfsarbeiter in die Fabrik“ anbot. Mit 14 Jahren Halbwaise väterlicherseits, war eine frühe selbständige Reife Voraussetzung für die Beendigung der Optiker-Lehrzeit.

Die oftmals zitierte soziale und wirtschaftliche Labilität der jungen Republik, besonders in der mit seiner Degradierung ringenden ehemaligen mitteleuropäischen Metropole spürbar, warf den

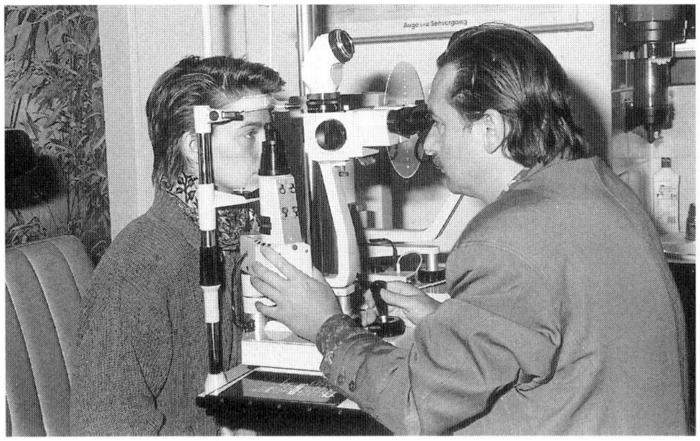

Kontaktlinsen-Anpassung

jungen Gesellen von Arbeitsstelle zu Aushilfsposten, Arbeitslosigkeit zu branchenfremder Verkaufskraft. Diese Periode wurde jedoch von ihm selbst als unwiederbringliche Schulung, Lernzeit und Charakterbildung bezeichnet.

Wie immer in Notzeiten blühte auch zwischen 1920 und 1930 das kulturelle Schaffen in Wien (Joseph Matthias Hauer, Alban Berg, Anton Webern in der Musik, der Wiener [philosophische] Kreis schuf den logischen Positivismus; Max Reinhardt, Hermann Broch, Alfred Polgar für Theater und Literatur u. v. a.). Der um seine Existenz ringende Arbeiter wurde jedoch oft gezwungen, „außerhalb“ sein Geld zu verdienen. Als junger Filialleiter übernahm Oskar Vogel 1928 einen Posten in Wiener Neustadt. Aber die wirtschaftliche Lage – die Arbeitslosigkeit erreichte 1933 ihren höchsten Stand in der Ersten Republik – reihte schließlich auch ihn in das Heer der Erwerbslosen ein. Diese Zeit wurde zur Vorbereitung auf die Meisterprüfung genutzt, die 1934 abgelegt wurde. Damit war die letzte Hürde überwunden, die zur Führung eines selbständigen Betriebes im Wege stand. Freie Lokale gab es genügend, die Mieten waren aber hoch. Das erste Mietlokal der „FIRMA VOGEL“ in der Ottakringer Straße 184 kostete 100 Schilling pro Monat, das Lager an Fassungen und Gläsern auf Kredit, die Einrichtung selbst hergestellt – alles zusammen ein Risiko, das bei einem Durchschnittswochenlohn von 40 Schilling (Arbeitslosenunterstützung zwischen 16 und 20 Schilling wöchentlich) und dem Fehlen von Grundkapital ungewöhnlichen Einsatzwillen vorausgesetzt hat. Aber – es gab wieder einen Optiker in Alt-Ottakring! Dieses „Kapital“ wurde mit Ottakringer Instinkt genützt, persönlicher Einsatz für soziale und kirchliche Angelegenheiten schufen einen Bekanntheitsgrad, der „den Vogel“ als Persönlichkeit auswies und sich geschäftlich befruchtend auswirkte.

Oskar Vogel († 21. September 1987) und Ewald Vogel, zum 50jährigen Betriebsjubiläum 1986, im neuen Geschäft

Der Kriegseinsatz ab 1941 legte bis 1945 den Betrieb still. Die Familie (Heirat 1937 mit Margarete Donnhofer) mußte wie Tausende Wiener Familien 1945 neu beginnen. „Der Vogel“ (von Alteingesessenen ist heute noch „der zähe

[„zache“] Oskar“ erfragbar!) hatte sich Ausdauer, (stets erweitertes) Fachkönnen, Engagement und Beliebtheit erhalten und schuf bis 1971, dem Zeitpunkt der Geschäftsübergabe an seinen Sohn Ewald, ein expansionsfähiges Unternehmen.

Die Entwicklung der Augen-Optik im beschriebenen Zeitraum brachte eine totale Umstrukturierung der Tätigkeitsbereiche. Umfaßte zu Beginn des Jahrhunderts der Ausbildungsbogen noch die Gesamtherstellung – von mechanischen Arbeiten der Fassungsherstellung, teilweisem Schleifen der Gläser, Anpassung, Einpassung – und die Bereiche der modischen Ergänzung bis Verkaufstätigkeit angegliederter Branchen (Schmuck, Foto etc.), formte die Ausweitung der Branchencharakteristik zum paramedizinischen Bereich den Optiker zu einer Persönlichkeit, die in ihrer psychologischen, fachlichen und technischen Einflußnahme auf den Menschen eine Ausnahmestellung erreichte (Gesundheitsberuf).

Das Niveau der österreichischen Augen-Optiker, absolut der Weltspitze angehörig, ist der typisch österreichischen Lösung des Zusammenspiels zwischen „Handwerk“, Arzt und der geregelten „Bereichszulassung“ zu verdanken. In das „Dreieck“ Brille – Facharzt – Optiker schob sich das bedeutsam anwachsende Objekt „Haft-(Kontakt-)Linse, das den zusätzlichen Zweig des konzessionierten Kontaktlinsen-Optikers schuf.

Dadurch kommt zu den „normalen“ Berufserfordernissen ein noch höheres Anforderungspotential. Die Erstellung der Bedarfsrichtigkeit inkl. Beratung und Befriedigung der menschlichen Eitelkeit setzt ein hohes Maß an psychologischem Einfühlungsvermögen und Aufbau eines intakten Vertrauensverhältnisses voraus. Die ständige Konfrontation mit technischer Weiterentwicklung und deren selbstintegrativer Bewältigung formt erst den „Chef“. Und der „vom Vogel“ (Oskar) auf den Weg gebrachte „Chef“ (Ewald) genießt neben seinem Berufsimage auch

Blick in die Werkstätte

den Ruf als Nothelfer „blinder“ Passagiere aus der vorbeifahrenden BIM, die ihren Sehbehelf beschädigten, wie auch als geduldigen „Kontaktlinsenanpassungstrainer“. Der „Nothelfer“ weist aus angeführtem Grund auch immer wieder auf die Notwendigkeit einer Zweitbrille hin!

Die Geschäftsräume, seit 1986 in die Ottakringer Straße 188 übersiedelt, wurden 1976 um ein Zweitgeschäft auf dem Schumeierplatz ergänzt, welches 1988 zu einem der schönsten Optikergeschäfte adaptiert wurde.

Und der von Oskar Vogel überlieferte Ausspruch seines ersten Kunden („Müller oder Maier hat er g'heißen!“) „endlich ein Optiker in Alt-Ottakring“, ist heute als „*Der* Optiker in Ottakring!“ zu hören.

Klick-Story

KLICK – UND DU KANNST NICHTS MEHR ÄNDERN . . .

Geblendet durch die optische Reizüberflutung von Film, Fernsehen, Plakat, Illustrierten, aktueller Bildreportage und ständiger Ergänzung des Wortes durch visuelle Verdeutlichung tritt der dies alles schaffende Mensch in den Hintergrund. Weiters wird das Bild dieses Menschen durch die Identifikation mit rasenden Reportern, aufdringlichen Pressefotohandwerkern und der stets präsenten Belauerung durch Objektive mit einem negativen Image belastet und mehr an Skandalen und unangenehmen Vorkommnissen als an künstlerischer Tätigkeit und Bedeutung gemessen.

Die Mehrzahl der Wiener Fotografen bleibt

jedoch ihrem mehr als hundertjährigen Berufsethos treu und ist sich bewußt, daß ihr Metier seit ca. 1850 Bestandteil der bildenden Künste ist und sich mit diesen wechselseitig künstlerisch ergänzt.

Der 1867 geborene, seit 1890 als Fotograf arbeitende August Kühnel, war einer der traditionellen Wiener Fotografen, die an der Weiterentwicklung regen Anteil nahmen und die Basis zu einem Wien umspannenden Netz von Ateliers legten, die der Praxis, wie gehobenen Ansprüchen dienen und die Abhebung vom eingangs erwähnten Reportertypus manifestieren.

1906 gründete Kühnel als „Lückenschließer" ein Atelier im 16. Bezirk und hatte durch sein Qualitätsbewußtsein großen Erfolg. Nach dem 1. Weltkrieg verursachte das Fehlen der adeligen Kundschaft und das hauptsächlich aus Arbeitern bestehende Bevölkerungspotential in Ottakring

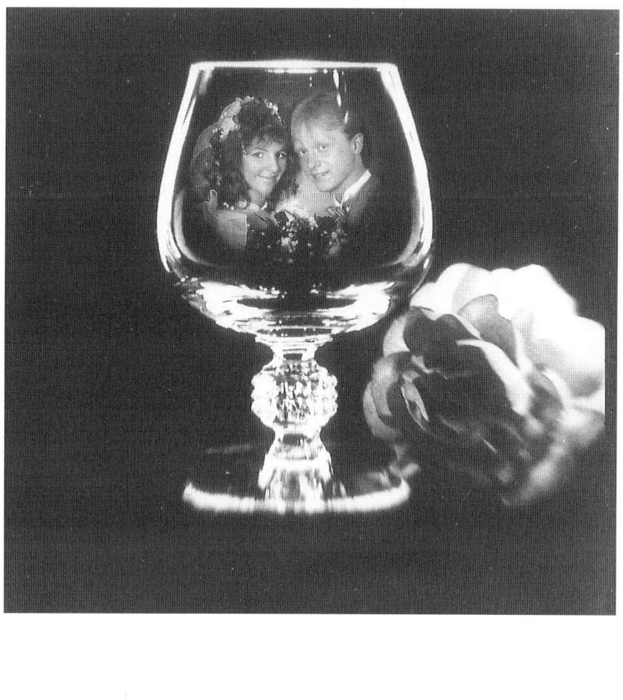

einen harten Existenzkampf. Die bekannt labile Wirtschaftslage trug weiter zur Erschwerung der Lebensbedingungen bei. 1939 – knapp vor dem 2. Weltkrieg – übersiedelte das Fotogeschäft von der Ottakringer- in die Thaliastraße.

Die diplomatischen, organisatorischen und unternehmerischen Talente und Instikte der Geschäftsleitung lavierten das Kühnel-Fotoatelier durch Kriegswirren, Nachkriegselend, Besatzungszeit und Aufbaujahre.

1983 übernahm ein engagierter Mitarbeiter das Atelier von Kühnels Nachfolgern. Er erbte damit das Problem, einen alteingesessenen Meisterbetrieb mit den Anforderungen der explodierenden technischen Entwicklung konfrontiert zu sehen und ohne Traditionsverlust ein modernes Atelier, zeitgemäße Fotokunst jeder Schicht von Kunden zu bieten.

Eine erste Begegnung mit dem „Chef" Wolfgang Bichler verdeutlicht den Unterschied zwischen automatisierter und sensibler Fotografie. Von Handwerk und Technik, selbstverständlichen Komponenten fotografischen Könnens, wird der Kontakt nicht belastet. Der primäre Eindruck vermittelt eine Kontaktsuche, die sofortiges Eingehen auf Persönlichkeit und Wunschgedanken ermöglicht. Man erfährt kein „Was-" – sondern ein „Wie-"Gefühl. Die psychologische Anpassung gleicht der eines vom Urbild abhängigen Gestalters.

Deshalb strahlen z. B. Portraits oder Hochzeitsbilder unabhängig von Stilart oder gebrauchter Technik das gleiche Niveau, denselben Standard an Ausdruck aus. Die Freude am Fotografieren, die Unbemerktheit harter Arbeit spiegelt sich in den Abgebildeten. Keine Kunst?

Diese Ergebnisse kann nur ein glückliches Familienleben und bestes Verhältnis zu den Mitarbeitern ergeben. Wie groß auch die Arbeitsbelastung auf allen Gebieten der Fotografie ist, die erforderliche Zeit zur Kontaktaufnahme, die Einbindung in ein vertrautes Milieu zeigen die Qualität meisterlichen Könnens und künstlerischen Gestaltens.

Klick . . . und DU kannst nichts mehr ändern
auf platte oder film
verewigt durch die hand
eines meisters?

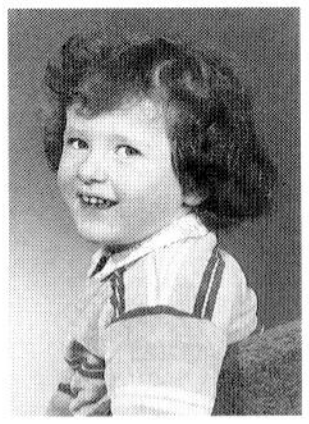

Klick . . . und ER hat sich festgelegt
auf härter oder weich
verewigt durch die art
seines fühlens?

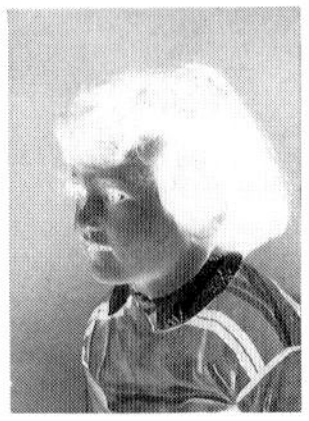

Klick . . . und ER hat nicht festgelegt
die wünsche auch von DIR
bestätigt durch die macht
seines könnens?

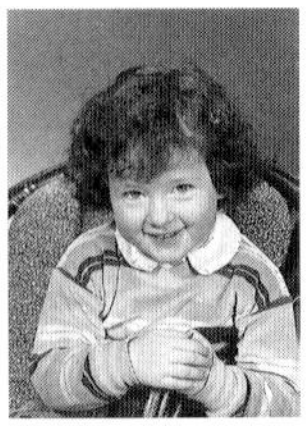

Klick . . . und DU kannst nur mehr ändern
durch pinseln, neues „klick“
verewigt durch die art
DEINER wünsche!

Klick . . . und ER hat DEIN vertrauen
durch einheit EURES wollens
verewigt durch die spur
des vertrauens . . .

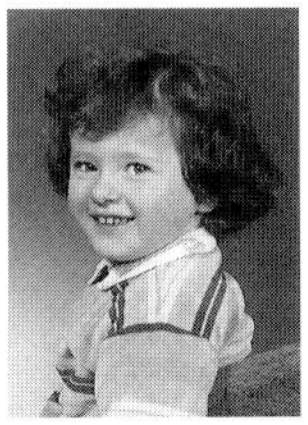

Die letzten Kaiser

DER WIENER HAUSMEISTER

Der „Wiener Hausmeister" ist eine historische Institution. Er ging ein in die Literatur, das Wienerlied und füllte Fachbücher und historische Untersuchungen.

Hier soll uns allerdings nicht der Navratil, Sedlacek und Musil des 19. Jahrhunderts interessieren. Es gibt sie nämlich auch heute noch. Namen und Nationalitäten haben sich zwar geändert, aber die Bedeutung ist geblieben, mögen sie sich auch in der Anzahl durch den sozialen Strukturwandel um ca. 70% vermindert haben.

Der erbliche Charakter dieser Einrichtung ist geschwunden, der monarchische Einschlag ist geblieben. In kürzester Zeit konnten 70 „richtige, angestellte und mit diesem Titel behaftete" Exemplare eruiert und interviewt werden und sie wiesen alle auf weitere „Kollegen" hin, „die a so san wie i. I triaffs jeden Abend beim Wirt'n. So san ma!"

Der Hausmeister heute ist als „Privater" nur mehr in den großen Privathäusern, meist Geschäftsblocks anzutreffen. Die meisten erfüllen ihre Arbeit in Bauten und Institutionen der Gemeinde, Parteilokalen und großen Vereinen oder in den Stammhäusern von Unternehmern.

Erstes Gebot im Umgang mit den Monarchen der Arbeiterschicht ist – wie könnte es in Österreich anders sein – die richtige Anrede. Erkennt man den „Herrn Hausmeister" auf Anhieb (und dies ist meist nicht schwer), ist alles gewonnen. Auf die Frage, ob er der Haus„wart" sei, ist er nicht beleidigt, wartet aber sichtlich auf den . . . „Meister". Die Zumutung, als „Portier", „Hausbesorger" oder gar „Waschl" tätig zu sein, läßt sein sonst joviales Wesen wie eine Auster zuschnappen und die „Perle", für die er von seinen Chefs zu Recht angesehen wird, bleibt außer Reichweite.

Der Hausmeister ist Wiener aus Passion, möge er auch von den legendären „Böhmischen" abstammen oder slawischer Herkunft sein. Meist sind es gestandene Österreicher, deren Vornamen den Geburtszeitraum erraten lassen.

Die vor 1938 Geborenen heißen Ferdinand, Otto, Karl, Joseph (mit ph), Kurt, Ludwig, bis 1945 wurden sie Adolf, Heinrich, Josef (mit f), Hermann und Erwin benannt oder getauft, nach 1945 herrschen Alexander, Helmut, Franz und Jakob vor.

Die Frage nach den Tätigkeiten wird mit „keine fixen, aber alles mögliche und was so anfällt" beantwortet. Aber sofort wird darauf hingewiesen, daß man kein Portier oder Hausbesorger sei.

Erhebungen in der Gegend zeigen stets die gleiche Charakterisierung. „Da Hausmasta ist do da Burgermasta!" Er ist das Brennglas der Umgebung, selbstloser Wegweiser und Begutachter und das Sprachrohr der maximalen Minderheiten. Als unantastbarer Monarch tritt er vehement für die demokratischen Rechte anderer ein. „Da kennt da Alexander nix, wann die Narrischen mit de Glatzköpf kumman. Bei uns hat no kana a Fensterscheibn eingschlagn, weil alle wissen, daß da Alexander waß, wer's war!"

Natürlich ist er weit über „eins achtzig", breitschultrig und mit einiger Naturkraft ausgestattet. Der Haarwuchs leidet unter manchen Hindernissen und sein „Backhenderlfriedhof" (= gut versorgter Verdauungsvorhof) ist ein untrügliches Markenzeichen: „An mir kann keiner vorbei, wann i net will!" Die Schuhgröße weit über 42 und kleinere Probleme beim Gürtelkauf (Hosenträger bleiben ihm suspekt!) sind weitere körperliche Merkmale der Meister.

Ein denkwürdiges Ergebnis ergibt sich aus der seltsamen Übereinstimmung der Antworten auf Jugend und Werdegang: Ein Großteil der „magistri domorum", gleichgültig welcher Ursprungsnationalität, stammen aus zerrütteten Familienverhältnissen und führen – wahrscheinlich aufgrund dieser Erfahrungen – ein vorbildliches Familienleben. Die Österreichstämmigen lernten oftmals Heime kennen, erfuhren das Schicksal des Ausgestoßenen. Auch dies ein Grund, die Kinderliebe zu eigenen, adoptierten und Umfeld-Kindern zu erwähnen.

Die Bildungswege sind daher oft nur die notwendigsten, welche die vorhandene Intelligenz kaum forderten. Deshalb ist er ein hervorragender Autodidakt, seine spezifische und allgemeine Neugier formten ihn zu einem Fachmann in vielen Gebieten. Daher ist die Wartung der Heizung ebensowenig ein Problem wie die Reparatur des Hausherrn-Autos, Kinderpflege, Kochen sowie Tapezieren und Bodenverlegen. Vielleicht klagen deshalb alle über Wirbelsäulenbeschwerden und Bandscheibenleiden.

Seine freien Kapazitäten ermöglichen ein unglaubliches Erinnerungsvermögen („Das war am 26. Juni 1979, ich hab' den Wisch noch da, schaun S' nach!"), hervorragenden Orientierungssinn und Fremdenführerreife.

Bei Ansprache auf Wünsche und Sehnsüchte werden die Augen Alexanders (und seiner Mitregenten) etwas verschleiert, er lehnt sich zurück, atmet einmal tief durch. „Weit fortfahren in Urlaub, einmal allein sein, a bisserl Luxus, a wenn er auf Raten ist. Waßt, in Tunesien sein mit aner Videokamera, allane am Strand sitzen – de andern san eh in Mallorca oder Italien. Daham a Wohnung, a Fischerhüttn und Gitarre spüln können, waßt, richtig, nach Noten. Und – waßt – meine Leit solln's besser habn als i früher. Ich hab eh 5 Kinder und de von nebenan mög'n mi a. Nur haltens' mich oft für an Wurschtl, waßt – weil i alles tua! Aber – waßt – an ‚Weana Wurschtl' kannst net daschlag'n! Stimmt's?"

Zur Marktfrau mußt' geboren sein!

Gegründet 1876

In einer Wiener Marktordnung vom 15. 1. 1791 wird der Markt „ausser dem Kärntnerthor vor dem fürstlich Starhembergischen Freyhause“ (= Naschmarkt) erstmals ausdrücklich erwähnt. Natürlich ist er wesentlich älter. 1819 erhält er seine grundlegende Bedeutung als Approvisionierungsmarkt. (Dies ist eine militärische Bezeichnung für Lebensmittelversorgung.) Im Volksmund heißt er noch lange Zeit Aschenmarkt. Dies hat nichts mit Brandrückständen, sondern mit der Wortbedeutung „Asch“ für Milcheimer zu tun. Er war von der Stadt her über die Elisabethbrücke zu erreichen und übersiedelte um 1900 nach der Einwölbung des Wienflusses im Zuge des Stadtbahnbaues auf seinen heutigen Platz zwischen dem vierten und sechsten Bezirk. Seit den ersten Erwähnungen sind seine bedeutungsgebenden Grundbranchen Fleisch, Fisch, Obst und Gemüse, Backwaren und Blumen. Diese fünf Grundpfeiler wurden im 19. Jahrhundert durch Gemischtwaren und in neuerer Zeit mit einem Antiquitätenmarkt, meist durch Ausländer beschickt, ergänzt.

Die Typen des Marktes, meist weiblichen Ge-

Naschmarkt und Secession um 1908

Ja, so war's einmal . . .

schlechtes, sind allbekannt. Die Blumen-Sopherl und Fischweiber sind sprichwörtlich, besonders letztere sind keine Abwertung, sondern die Anerkennung als »Fischweib« setzt einen langen Stammbaum in der Branche und besondere geistige und mundwerkliche Eigenheit und Fähigkeit voraus.

Eine dieser frauendominierten Dynastien residiert heute noch auf dem Stammplatz Naschmarkt 31–36. Bereits am 26. November 1876 gründete die Urgroßmutter der heutigen Besitzerin Laura Laula Lämmermann auf dem Naschmarkt am Freihausplatz das erste fixe Fischstandl mit Schirm und Karpfenbottich und ganzjährigen Öffnungszeiten. Im Winter bot sie Fische an, in den heißen Sommern Obst und Gemüse.

Die Namenskontinuität ist bei weiblichen Geschäftsinhaberinnen nur sehr schwer bzw. gar nicht einzuhalten. Die Tochter der Gründerin, Louise, wurde 1887 geboren und als Nachfolger von drei Geschwistern bestimmt.

Nach dem Ersten Weltkrieg begann sie als erste mit Seefischimporten aus Italien.

Sie sorgte 1910 für den traditionellen Damennachwuchs mit ihrer Tochter Helene, die ebenfalls mit Herz und Seele im mütterlichen Geschäft mittätig war, bis sie 1935 den Vermessungstechniker Dipl.-Ing. Meisinger heiratete und das Feinfischgeschäft en gros und en detail mit der Belieferung erster Hotels, Sanatorien und Kuranstalten erweiterte. Der heute zweiundachtzigjährige Ehemann betätigte sich als Rutengänger und beschäftigt sich nun hauptsächlich mit dem Pendel.

Auch er sorgte mit seiner Frau am 11. 6. 1942 für den unbedingt notwendigen weiblichen Nachwuchs, und ihre Tochter Hella setzt die Tradition als wortgewaltige, humorvolle, durchschlagskräftige und dominante Persönlichkeit im Sinne der Naschmarktmentalität fort.

Der Weg war vorgezeichnet. Am 28. Juni 1956

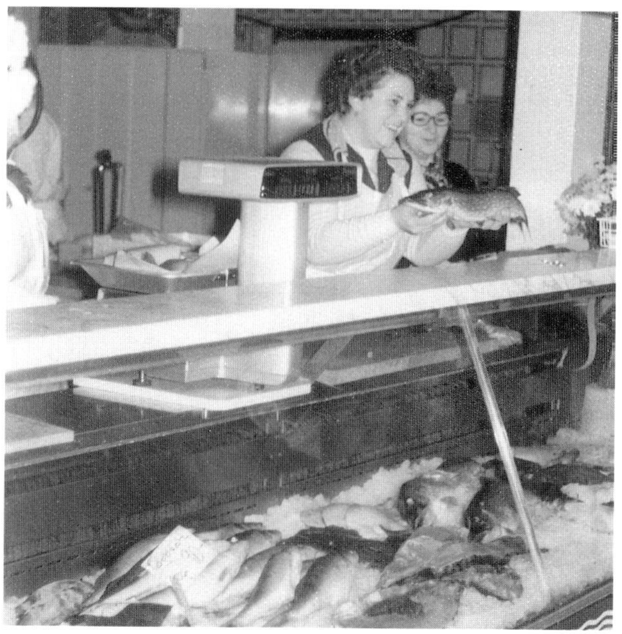

Das neue, modernst ausgestattete Geschäftslokal

beendete sie ihre Hauptschulzeit und trat am 1. Juli ihre Lehrstelle im Familienbetrieb an. Nun mußte sie daran gehen, den Ruf des zum Geheimtip gewordenen Geschäftes fortzuführen und auszubauen. Bereits während der Ära ihrer Ur- und Großmutter hieß es in Fachkreisen, „Was in Deutschland“ Goedeken ist, ist für Wien Lämmermann.

Das berühmte Krebsenjahr 1961 am Neusiedler See konfrontierte sie mit dem Berufsfischer Erich, und trotz der „ungünstigen“ Sternbildkombination Zwilling (Hella) gegen Krebs (Erich) schlug der berühmte Blitz ein, und bereits 1962 erhielt aufgrund der Verehelichung die Firma wieder einen neuen Namen „LMG“ (Lämmermann, Meisinger, Gruber). Da laut astrologischer Ansicht Krebs-Geborene auf ihre Umgebung als Gefühlstyrannen wirken, wurde auch die weibliche Linie dieser Fischmarktinstitution durchbrochen! Der Beweis sind die beiden Söhne Erich Walter (geb. 1963) und Wolfgang Christian (geb. 1967).

1971 begann man mit internationalen Fischimporten, darunter auch Muscheln, Austern und lebenden Hummer.

1972 erhielt das Geschäft durch ihre Übernahme den neuen Namen „Feinfischspezialitäten – Hella Gruber, Engros- & Detailhandel“ mit Eintragung ins Handelsregister und führte den traditionsreichen Betrieb in neue Dimensionen.

In Rust entstanden infolge der Ausweitung zum Fischgroßhandel 1974 Tiefkühlanlagen für 150 Tonnen Fisch, die 1986 auf 250 Tonnen erweitert wurden.

Der Konkurrenz von Kettenläden, Nachahmern und Billighändlern setzen die „Grubers“ reichhaltigstes Sortiment, Frischegarantie und bedingungslosen Einsatz für den Kunden entgegen. Die Auswahlpalette ist kaum zu überbieten, der oft rüde Naschmarktton wird mit Witz, Schlagfertigkeit und unüblichem Zeitaufwand für den Käufer in gemütliche, aber kompetente und fachgerechte Beratung umgewandelt.

Sieben Angestellte widerspiegeln den Geist der Chefität. Auch sie sorgen dafür, daß im Verein mit den gleichgesinnten Naschmarktbetrieben eine deutliche Abgrenzung gegen die vom gleichen Standort profitierenden „Zuagroasten“ erreicht wird.

Der innige Wunsch Hellas nach einem „Naschmarktweiberl“ blieb ihr leider versagt. Ihr Sohn Wolfgang erfüllte ihn unter Auslassung einer Generation am 14. Oktober 1989 und Hella ist überzeugt, mit ihrem Enkerl Johanna Hella, die „Weiberltradition“ nach altem Brauch fortführen zu können.

Das nun auf zehn Stände zusammengeschlossene Fischimperium ist nicht nur Geheimtip, sondern auch der Garant dafür, daß – allen Widerständen zum Trotz – der Naschmarkt weiterhin eine Wiener Spezialität bleiben wird.

100-Jahr-Feier der Dynastie
von rechts nach links: Frau Grubers Mutter, Chef, Chefin und Junior

FORSCHUNGSBERICHT DER VEREINIGTEN UNIVERSALARCHÄOLOGENGESELLSCHAFT ÜBER: AUSGRABUNGEN IM AUSMASS VON 414,9 QUADRATKILOMETERN GEOGRAPHISCHE ORTSBEZEICHNUNG: MITTEN IM EHEMALIGEN EUROPA BETREFFEND EINE STADT, DEREN NAME VARIIERT ZWISCHEN Z'WEAN, WIEN, VIENNA, VIENNE U. A.

DIESER BERICHT ERSCHEINT IN ALLEN VIER WELTSPRACHEN: DEMOKRATIZISNISCH, KOMMUNISISCH, NEGROIDISCH UND YELLOWISCH SOWIE – ZU FORSCHUNGS- UND STUDIENZWECKEN – IN DER BEI DEN AUSGRABUNGEN ENTDECKTEN UND WIEDERKONSTRUIERTEN, DAMALS SOGENANNTEN „HOCHSPRACHE" DES GESAMTEN GEBIETES.

Nach Abtragung des – durch Sondierungs- und Stichgräben lokalisierten Gebietes genannter Ausdehnung – 12 bis 98 m dicken Überlagerungsmaterials (zuerst Schwemmsand, von Süden zugetragen, zweitens Geröllmassen durch Eruption von Norden und drittens einer 2,60 m dicken Verwitterungsschicht, früher – vor 24.500 Jahren – fruchtbar, seitdem überdeckt mit künstlichem Betonasphaltit zur zeitgemäßen CO_2-Energiegewinnung) – wurde ein urzeitliches Gemeinwohngebiet freigelegt.

Vorwegnehmend muß erwähnt werden, daß die menschenähnlichen Bewohner dieses Gebietes aufgrund der gesicherten Tatsachen beweisen, daß vor der großen Flut der Erdball teilweise dünn besiedelt gewesen sein muß. Dies sei ein Anreiz, überall ähnliche Forschungsprojekte zu beginnen. Daß das interessanteste Gebiet zufällig freigelegt wurde steht außer Zweifel.

Die damaligen Ureinwohner besaßen am Ende ihrer Entwicklung bereits eine vielfach variierte, äußerst

umständliche Schrift, die sie durch komplizierteste Druck- und Bildverfahren für Gesamttexte zu komprimieren versuchten. Verewigt auf sogenanntem „Papier" und übereinandergeschichtet befestigt – s. „Buch, Heft, Wälzer etc." – wurde uns auch sinnlosestes Textmaterial überliefert. Das Vorlesen einer gedruckten Rede eines sogenannten „Kommunalvertreters" dauert 148 Minuten – die Arbeitszeit eines heutigen Kopfarbeiters pro Woche! Wird alles Unnötige weggelassen, kann der gesamte Text mit dem Satz „Ich bin nicht dafür!" wiedergegeben werden.

Weiters gibt es Ton- und Bilddokumente, sogar durch Edelmaterial gebündeltes Licht wurde zum Anhören von Sprache und sogenannter Musik verschwendet, ursprünglich von bis zu 300 Menschen gespielt, oft dazu noch von weiteren 400 „Sängern" unter totaler Organausnutzung gebrüllt oder gesäuselt. Ausdrücke fremder, nicht identifizierbarer Sprachen wie „Adagio, piano und Allegro ma non tanto" kommen als „Vortragszeichen" in riesigen Büchern mit einer nicht deutbaren Schrift von verschiedenen Punkten auf Strichen vor. (Beispiel: ♩ mit Bezeichnung „pizzicato" las der „Weana" als „plum"!)

Doch nun zurück zu dem früher als „Stadt" bezeichneten Ausgrabungsgebiet!

Den Mittelpunkt bildet zweifelsfrei eine der zahllosen Kultstätten (fast jedes Gebäude der Stadt beherbergte eine Kultstätte verschiedener Art!). In konzentrischen Kreisen scharen sich um diesen „Steffl" nicht zusammenpassende künstliche Wohngrotten. Der „Steffl", hochsprachlich „Stephanskirche", seltener als „Dom" bezeichnet, ist ein gutes Beispiel für die Verschwendungssucht der Bevölkerung. In bestimmt hundertjährigem Bauwahn wurde Gestein künstlich behauen und teilweise ca. 150 m übereinandergeschichtet. In den höheren Gebäudeteilen wurde tonnenweise gegossenes Metall aufgehängt und mit „Klöppeln" angeschlagen. Meist bei sinnlosen Festen wie „Jahreswechsel", Kopulationen, Waschungen von Neugeborenenköpfen und aufwendigem „In-die-Erde-Versenken" nicht mehr funktionstüchtiger Menschenleiber. Von diesen „Glocken" wurden hunderte gefunden, kleinere zu Tausend auf Tischen und Wänden von den rund zehntausend ausgegrabenen Trink- und Eßkulttempeln aller Größenordnungen.

Dieses Ausbreiten der Ansiedlung in Kreisen wird gegliedert durch zwei breite Ringflächen, die – wie auch jede kleinste Gasse – angefüllt waren mit großen Metalldosen auf Rädern, die durch eklige flüssige

Erdprodukte stinkend und qualmend fortbewegt wurden. Auf drei Bewohner kam einer dieser Karren. Tausende sollen durch diese ihre Funktionstüchtigkeit verloren haben!

Im Norden durchschnitt ein „Strom" die Stadt, in vielen Texten benannt als „Blaue Donau". Das Geheimnis, das Wasser dieses Flusses zu färben, haben die einstigen Menschen in ihre Einzelgruben riesiger Massengräber mitgenommen – eine einsame technische Leistung.

Den Bewohnern war ein seltsamer Masochismus eigen: Sie besaßen eine Zerstörungs- und Aufbauwut! Kaum hatten fremde Eroberer ihre Siedlung zerstört, wurde sie in kürzester Zeit wieder originalgetreu aufgebaut, um in den kurzen Friedenszeiten teilweise niedergerissen und mit „modernen" Wohnhöhlen wieder ergänzt zu werden. Nach den Annalen zu schließen waren die Verkehrswege nie intakt. Um unterirdisch zu bauen, wurde sogar von oben aufgegraben! „Bahnen" auf Stelzen wurden schon nach 60 Jahren unter die Erde verlegt. Einrichtungen für den Transport von Wasser, Unrat, Verständigung, Elektrizität, Gas und Televisionskabel wurden prinzipiell nicht gemeinsam verlegt, sondern in kürzesten Abständen (oft nur drei Monate) hintereinander. Dann wurde darauf vertraut, daß die als erste vergrabene Einrichtung defekt war, um wieder von vorne beginnen zu können.

Nach Bearbeitung diverser Chroniken bzw. Annalen sowie historischer Lieder und Dichtungen tritt Selbstbewußtsein und Sendungsglaube des „typischen Weana's" (Zitat!) deutlich zu Tage. Nach diesen Quellen war ihr Gott aus ihrem Ort gebürtig und schickte seine Diener („Engerl") zur Erholung nach Wien. Sie verkauften ihr Gewand, um in den „Himmel" fahren zu können und konnten das Loch zum Öffnen ihrer bereits absperrbaren Türen nicht finden, wenn sie mit „Göttertrank" gefeiert hatten. Dieser war auch des Wieners Hauptnahrung. Aus einem heute unbekannten Gewächs (sogenannten Trauben) stellten sie ein berauschendes Getränk her, das sie nach Erntejahr, eigenen Namen der Gewächse und seiner Farbe einteilten, beschrifteten und aufhoben. In allen Kultstätten wurde es gehortet und mit ihm geopfert. In den speziellen Gottestempeln, Kirchen genannt, konsumierten nur Priester und zu Priestern Bestimmte besondere Arten dieses „Weines". Opferstätten mit dem Namen „Heurige" wurden von allem Volk besucht und neu „gekelterter" Wein zur Erlangung des eingebildeten „Paradieses" in großen Mengen konsumiert.

Zeitgenössische Berichte erzählen von langen Pilgerzügen in diese speziellen Kultstätten. Über die ganze Stadt verteilt gab es Weintempel, die ohne lange Anreise die Versenkung in den angestrebten himmlischen Zustand erlaubten.

Das Gedeihen des Gewächses „Weintraube" war durch fruchtbaren Boden und die viel wärmeren Temperaturen der damaligen Zwischeneiszeit möglich. Diese erlaubte auch das Halten von Tieren, die von der nachfolgenden Katastrophe (wie die Menschen) ausgerottet wurden und im heutigen Klima nicht mehr gedeihen könnten. Diese Tiere müssen Attribute der übersinnlichen Verehrung gewesen sein! Dies wird bewiesen durch Aufzeichnungen, die den anbetungswürdigen Objekten wie (Worterklärungen siehe urgeschichtliches Lexikon) Hund, Katze, Taube und Kanari (manche Forscher rechnen auch den sogenannten „Ratz" dazu) Vorrang vor dem leiblichen Nachwuchs zukommen ließen. Diese mumifizierten Tiere wurden in weit größerer Anzahl als Urbewohner gefunden. Aufzeichnungen über die Nahrungsbeschaffung wiegen Kindernahrung gleichbedeutend mit Tiernahrung auf. Diese verehrten Tiere scheinen auf dauerhaft konservierten, in dünnes Metall verpackten Nahrungsmitteln auf. Sie schienen ihren Schutz auf das Eßbare zu übertragen.

Ein eigenes Kapitel sei den Behausungen gewidmet. Immer um zahlreiche Kultstätten gruppiert waren sie verschieden in Bauzeit, Ausstattung und Materialien. Stets jedoch befanden sich folgende Gegenstände in jeder dieser Wohnhöhlen, gleichgültig welcher Kaste ihr Benützer angehörte:

Becken aus „Porzellan" oder Metall bzw. verschiedenen Stoffen wertloser Zusammensetzung, die durch verschiedene Arten von Wasserzuleitungen zur Befriedigung des nachweislich enormen Durstes der Bewohner gedient haben müssen. Für kleinere Typen oder sich in Gebetshaltung (kniend) Befindlichen der Spezies Vienniensis dienten niedrige, meist oval geformte Behältnisse, die von einem oben befindlichen Wasserspeicher gespeist wurden. Durchbrochene und geschlossene Deckel sorgten für hygienische Abdeckung der Trinkwanne. Restwasser floß nach unten ab. Stehend konnte man Wasser aus höher angebrachten Becken, mit freiliegender Wasserzuleitung versehen, entnehmen. Große Wannen, mit H_2O anfüllbar oder ausbrausfähig konnten in ihrer Bestimmung noch nicht restlos ausgedeutet werden. Die

sicherste Annahme ist noch die Aufbewahrung der zahlreichen Haustiere, gleichzeitig als Tränke und Futterstätte dienend.

Diverse Blechkästen mit Platten, die durch elektrische Widerstände zum Glühen gebracht werden konnten, müssen der Erwärmung von Händen, Gesäß und Kleinkindern gedient haben.

Andere, mit Türen verschließbare Großdosen kühlten Lebensmittel und Getränke. So wurde dem Verderben von Fleisch in den Nichtjagdzeiten vorgebeugt und dem unvorstellbaren Rohgenuß mit der nötigen Konservierung Vorschub geleistet. Der Verdauungstrakt der Urbewohner muß unfaßbar robust gewesen sein. Vom Verzehr des rohen Fleisches, Obstes und Geflügelprodukten abgesehen, wurden zur weiteren Konservierung dem Inneren des Körpers riesige Mengen von Alkohol, Salzen und Gelatinen zugeführt.

Zahlreiche Lärmmaschinen komplettierten die Einrichtung der Wohnhöhlen. Künstliche Fenster, die Bilder von anderen Orten liefern konnten, erübrigten das Öffnen der Windlöcher. So konnte die ungesunde Außenluft vom Eindringen abgehalten werden.

Die Jugenderziehung wurde in riesigen Betonsilos durchgeführt, die Licht durch große zerbrechliche Glasscheiben einließen. Sessel und Tische mit bewußt den natürlichen Körperformen entgegengesetzten Konstruktionen nötigten die „Schüler", sich ständig zu bewegen und so Muskeln, Sehnen und Nerven in ständiger Bewegung zu halten. Eine löbliche Ergänzung zur geistigen Erbauung.

Das Aufsichts- und Trainingspersonal trug oft die phantastischsten Titel. In den Annalen ist zu lesen von einem „pragmatischen Oberschulwartsstellvertreter". Eine Leitungsperson z. B. trug vor dem Namen „Krk" die Bezeichnung „Gemeinderat Direktor Hofrat Doktor Doktor Magister"!

Die Bildungsziele müssen sehr einfach und anspruchslos gewesen sein. Hauptsächlich beschränkten sie sich zur Zeit vor der Katastrophe auf Ausschmückung des eigenen Körpers. Was an den ältesten und jüngsten „Weanern" nicht bemerkbar ist, wurden, an den schulpflichtigen Menschenkörpern (16–22 Jahre nach ihrer Mutterleibabstoßung) die skurrilsten, nur durch Erziehung erreichbaren selbst vorgenommenen, oft selbstverstümmlerischen Veränderungen festgestellt. Abgesehen von partieller Rasur des Kopfhaares,

Färbungen mit Mitteln, die auch der „blue Danube“ zu ihrem Namen verholfen haben können, übten die Menschenkinder das Schulfach „Bildnerische ERZIEHUNG“ – ein Hinweis auf die schulinitiierte Animation – sogar auf ihrem Körper aus. Konservierte Haut zeigt phantastische Gemälde aller Art, aus in den Untergrund gebohrten kleinen Löchern, dann mit unauslöschlicher Farbe versehen, gebildet. Ein heutiger Erdbewohner mit seinen sensiblen Nerven würde sein ganzes Dasein lang vor Nervenirritation brüllend herumtorkeln.

Weiters wurden Sinnesorgane wie Ohren, Nasen, sogar Augenlider durchbohrt und mit Metallgebilden „verschönert“. Laut entdeckter Wälzer, Lexika genannt, taten dies alles Menschen schon Jahrtausende vor dem Untergang dieser Rasse. Ein Beweis, daß sich dieser „homo errectus“ in Aeonen nicht weiterentwickelt hatte.

Zum Abschluß seien noch einige Absonderlichkeiten erwähnt!

Zur Vermehrung dienten sogenannte „Bar“-Tempel. Ein Hinweis, daß für den Nachwuchs schon vorab „BAR“ bezahlt wurde. Kleinstkinder wurden den Haustieren gleichgestellt. Darauf weist die Einrichtung „Laufstall“ hin. Nicht mehr im Produktionsablauf Tätige wurden wiederum in Altenschulen zusammengefaßt, in denen sie, in großer Anzahl zusammengepfercht – siehe Schulsilos – in der Beschäftigung mit bunt bedruckten Karten, dem Verschieben von Figuren auf verschieden eingeteilten Brettern und dem Verknoten von endlosen Strähnen sogenannter Wolle unterrichtet wurden.

Für die Freizeitbeschäftigung waren Felder, umrahmt von Steh- und Sitzreihen, erbaut, auf denen Männer auf runde, mit Luft gefüllte Lederkugeln – oder aufeinander – eindroschen.

Sie müssen sehr robust gewesen sein, diese Menschen. Eigene Geschäfte verkauften in Unmengen Giftkugeln und Pulver, mit denen man das Leben verkürzen konnte. Priester in weißen Mänteln kontrollierten durch Verschreiben dieser Produkte den Bevölkerungsstand. Eine besondere Kaste schnitt sogar Leiber auf oder Glieder ab, füllte angebohrte Zähne zum Protzen mit Edelmetall.

Dennoch fühlten die Wiener sich wohl – ein Mirakel, das wohl nie einer Klärung zugeführt werden kann!

Ein Märchen

AUS DER GUTEN ALTEN KAISERZEIT

Es war einmal ein Müller, der weder arm noch reich war. Er hatte auch keine Tochter, die Gold spinnen konnte und auch keinen Sohn, den er um einen Goldesel hätte aussenden können.

Seine Mühle im böhmischen Dorf Domstadtl (mit 1.000 Einwohnern) warf genug ab, um eine Familie zu ernähren, die er aber nicht hatte. Der Müller wollte aber seine Geschäfte ausweiten, Brot backen und andere Mehlerzeugnisse wie Nudeln und ähnliche Teigwaren herstellen – aber für wen? Er wollte nicht, daß Fremde die Früchte seiner Arbeit ernten sollten, und so suchte er einen Sohn. Im nahen Petersdorf fand er eine Familie, die ihre acht Kinder nur recht und schlecht ernähren konnte und fragte an, ob er den aufgeweckten Sohn Carl an Kindes Statt annehmen dürfe. Es wurde ihm erlaubt unter der Bedingung, daß Carl den guten Familiennamen der Franzel's behalten könnte. Die Sache endete für alle Teile zufriedenstellend und der Müller konnte beginnen, seinem Sohn ein Imperium als ersehnten Erben aufzubauen. Carl heiratete die Tochter des größten Bauern im Ort. Somit wurde er auch Bauer und Großgrundbesitzer. Wie in allen Märchen erscheint auch in unserer Geschichte eine gute Fee in Gestalt eines Ingenieurs aus der fernen Kaiserstadt Wien. Diese männliche Fee bohrte auf seiner Wiese ein Loch und – ein Wunder – plötzlich spritzte ein Strahl aus dem Loch, durchnäßte den Ingenieur und öffnete dem unternehmungslustigen Müller die Augen. Er sicherte sich das Nutzrecht der Quelle und erwarb damit ein zweites gewinnträchtiges Standbein. Aus dem stark kohlesäurehaltigen Wasser wurde die Kohlensäure in Stahlflaschen abgefüllt, in einen großen Teil der Monarchie geliefert und sicherte, zusammen mit der immer größer werdenden Teigwarenproduktion, dem Adoptivsohn glänzende Aussichten für die Zukunft.

Auf wunderbare Weise hatte Carl Franzel Unternehmungsgeist, Weitblick und Organisationstalent seines Ziehvaters erhalten und ging nun daran, das Feengeschenk auszunützen. Zuerst baute er in Lemberg, 1903 kaufte er in Wien Produktionsstätten für die Erzeugung des im Quell gebunden enthaltenen Gases und erzeugte reines Kohlendioxid (handelsüblich Kohlensäure), chemisch durch die Formel CO_2 (ein Teil

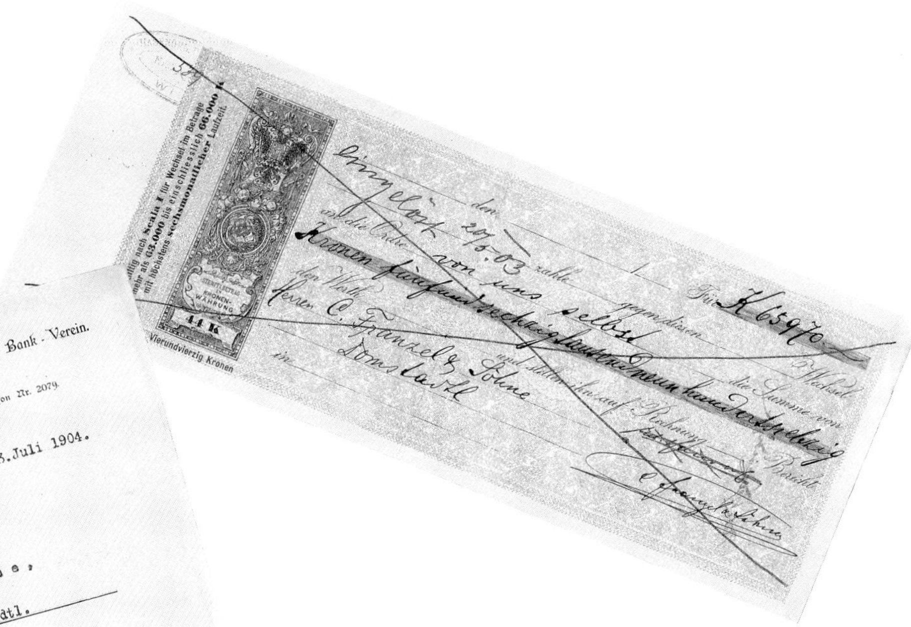

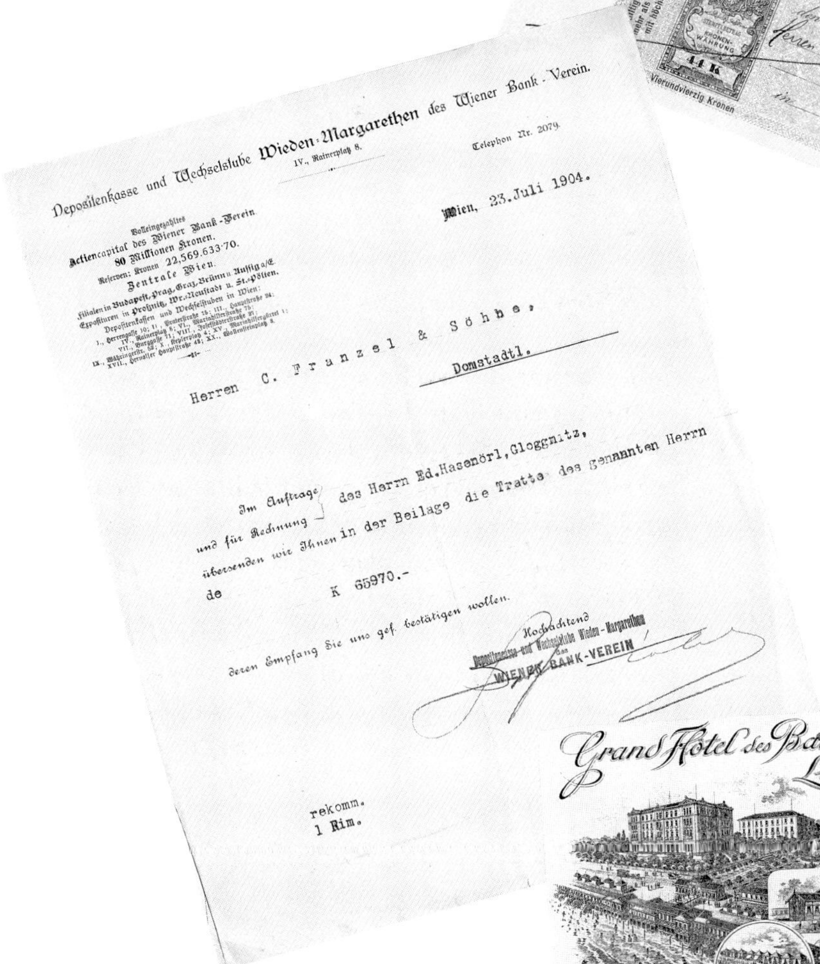

Depositenkasse und Wechselstube Wieden-Margarethen des Wiener Bank-Verein.
IV., Rainerplatz 8. Telephon Nr. 2079.

Volleingezahltes Actiencapital des Wiener Bank-Verein. 80 Millionen Kronen. Reserven: Kronen 22,569.633·70.
Zentrale Wien.

Wien, 23. Juli 1904.

Herren C. Franzel & Söhne,

Domstadtl.

Im Auftrage des Herrn Ed. Hasenörl, Gloggnitz,
und für Rechnung des genannten Herrn
übersenden wir Ihnen in der Beilage die Tratte
de K 65970.-
deren Empfang Sie uns gef. bestätigen wollen.

Hochachtend
Depositenkasse und Wechselstube Wieden-Margarethen des
WIENER BANK-VEREIN

rekomm.
1 Rim.

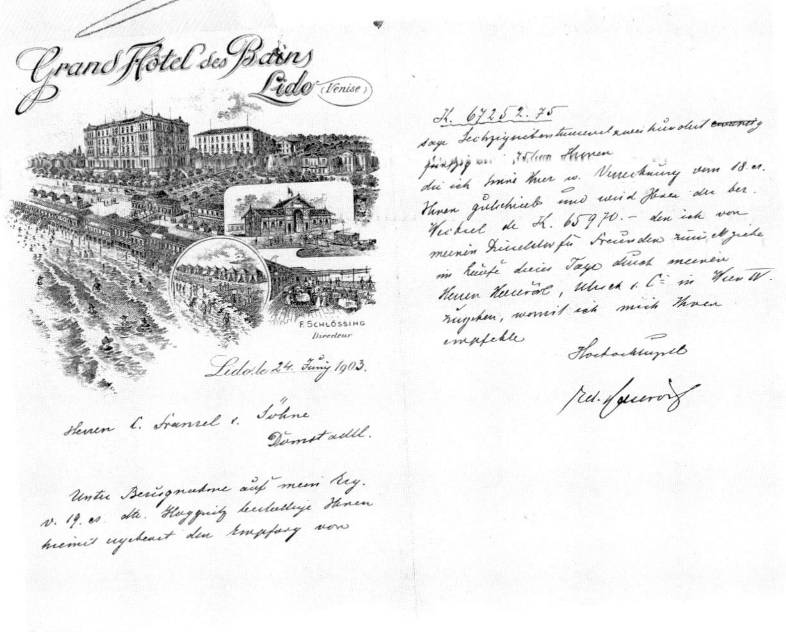

Grand Hôtel des Bains
Lido (Venise)

F. SCHLÖSSING
Directeur

Lido, le 24. Juni 1903.

Herren C. Franzel & Söhne
Domstadtl.

Unter Bezugnahme auf mein Reg. v. 19. ct. Gloggnitz bestätige Ihnen hiermit ergebenst den Empfang von

K. 67252.75

sage Sechzigsiebentausend zweihundert fünfzig 75/100 Kronen

die ich Ihnen lt. Verrechnung vom 18. ct. gutschrieb und wird Ihnen der bez. Wechsel de K. 65970.– den ich von meinem Domizil für Freunden zurückziehe in kürze dieser Tage durch meinen Herrn Hasenörl, Ulrich & Co. in Wien IV. zugehen, womit ich mich Ihnen empfehle

Hochachtungsvoll

Ed. Hasenörl

Dokumentation eines Verkaufs: Scheck eingelangt, alles bestätigt, Verkaufender macht Urlaub!

Kohlenstoff, zwei Teile Sauerstoff) bezeichnet, durch Koksverbrennung. Er hatte die Fruchtbarkeit seiner leiblichen Eltern geerbt und blickte stolz auf seine Familie, die außer seiner tüchtigen Frau zwei Töchter und zwei Söhne umfaßte.

Gründer Carl Franzel

Er teilte sein Imperium, nachdem er es Carl Franzel und Söhne benannt hatte. Der eine Sohn erhielt die Mehlwarenproduktion, der andere die Ergebnisse der Wunderquelle.

Der Urheber der Kohlensäurewerke expandierte mit Lieferungen in die ganze Monarchie (Lemberg, Wien), schloß mit anderen Produzenten Zweckgemeinschaften und wurde auf Grund seiner Tüchtigkeit zum Kaiser gerufen, um Orden und Monarchieadler in Empfang zu nehmen.

Mit dem Ende des Ersten Weltkrieges endet das Märchen und die Realität des Existenzkampfes griff auch nach den Franzel's.

Die Auflösung der Monarchie, die Produktion in nunmehr verschiedenen Staaten (Polen, Tschechoslowakei, Rest-Österreich), schufen Schwierigkeiten, die nur durch höchsten persönlichen Einsatz, Ausnützung des erhöhten CO_2-Bedarfes bzw. Nahrungsmittelnot durch den „& Söhne"-Betrieb überwunden werden konnten. Die Söhne Otto (Mehlprodukte) und der Kaufmann Josef führten die nun getrennten Betriebe bis zur Katastrophe von 1945. Die ausländischen Standbeine gingen verloren, das „Imperium" wurde auf den ausgebombten heutigen Standplatz reduziert, die Enkel Erich und Alfred schlossen ihren Unternehmungsgeist zusammen und begannen nach 1945 von vorne.

Das Ergebnis sind Anwendungsrichtungen, die aus den natur-chemischen Verfahren nicht mehr wegzudenken sind. „Kohlensäure ist frisch und natürlich!" – Dieser Slogan zieht sich quer durch die Anwendungspalette, die von der Aufhärtung weichen Trinkwassers (Korrosionsschutz), über medizinische Kohlensäurebäder,

Zerstörung

Schwimmbad-Wasser, pH-Faktoren-Optimierung, Abwasserneutralisation, Kalksteinverhütung, CO_2-Düngung in Gewächshäusern, natürliche Lebensmittelverpackung, Schockfrostung bis zur Anwendung im Aquarium und den bekannten Anwendungsgebieten der Gastronomie reicht. Erich Franzel (ist der Urenkel von Carl) führt nun mit seiner Cousine Claudia Steinleitner (einer geborenen Franzel) und seinem Sohn Stefan den Betrieb. 18 Beschäftigte finden einen gesicherten Arbeitsplatz und zukunftsorientierte Chancen.

Ein Märchen aus der guten alten Zeit mündet in eine knallharte Geschäftsstory einer brutalen Gegenwart, deren Übergang ihren liebenswertesten Zeugen in Frau Herta Franzel, der Ehefrau des Enkels Erich, und Frau Martha Franzel, der Ehefrau des Enkels Alfred von Carl Franzel besitzt. Der Familiensinn der „Franzel" hat ihnen Aufstieg und Überleben gesichert. Und so ist auch garantiert, daß unser Märchen bis in die Utopie reichen wird!

Geschichtliche und andere Geschichten

Mancherlei Besonderheiten im Werdegang unserer Stadt lassen sich einfach nicht tabellarisch fixieren – sie verlangen direkt danach, in einem kleinen Geschichtchen erzählt zu werden. Ein Schuß Legende und einige Spritzer Mystik vertragen diese Ereignisse allemal (Legende und Mystik werden als solche gekennzeichnet werden). Die Querverbindungen zu heute können – aber müssen nicht – als ernst gemeint aufgefaßt werden.

Beginnen wir dort, wo die Geschichte nach dem ersten Bevölkerungstohuwabohu sich beruhigt und faßbar wird – bei den Römern. Wien war ja – als Vindobona – um 15 v. Chr., bei der Besetzung durch die Legionen, ein unbedeutender kleiner Ort, nachrangig allen Römersiedlungen. Erst 70 nach Christus entstand hier ein Reiterlager und zum Kastell kam die Erhebung unter Trajan, 30 Jahre später. Vielleicht war einer der Gründe das schon von Tacitus beschriebene rauhe Klima, das auch den nachkommenden Hausregimentern arg zusetzte. Die Legionen, an warme Länder wie Spanien, Italien und Südfrankreich gewöhnt, waren stark rheumaanfällig. Verzogene Soldaten mit schmerzverzerrten Gesichtern und schwach zupackenden Fingern waren aber das Letzte, was sich Heerführer und Regenten unter kampfstarken Truppen vorstellten. So wurde im Ausbau des Lagers Vindobona in der Badeanstalt am heutigen Hohen Markt die erste Hypokaustenheizung (Heißluft in Röhren an Fußboden und Wänden) Österreichs installiert. Die Griechen kannten sie schon 200 v. Chr. Weiters wurde der heutigen Rehabilitationstechnik ein leuchtendes Beispiel gesetzt, da die gichtigen Unversicherten auf Staatskosten in die Schwefelthermen in Meidling, den Heiligenstädter Park und nach Baden zur Kur geschickt wurden.

Übrigens wurde die Donauflottille der Römer mit der XIII. Legion um 100 n. Chr. an den Standort der heutigen DDSG verlegt – Beispiel der frühen Marinetätigkeit unserer Vorfahren.

Die Römer vermischten ihre Götter gerne mit den Lokalgottheiten und waren besonders den orientalischen Erlösungskulten aufgeschlossen. Um 100 wurden diese Mysterienkulte von den Legionen mitgebracht. Der altpersische Sonnen- und Lichtgott Mithras war besonders beliebt und verdrängte die heimischen keltischen Götter

(Mithras wurde übrigens in einer Grotte geboren und Hirten waren seine ersten Anbeter). Die östliche Erlösungsreligion des Christentums (Christus wurde in einem Stall geboren und Hirten waren seine ersten Anbeter) hatte es ab 200 nach unserer Zeitrechnung viel schwerer und war am Limes kaum durchsetzbar. In den Alpenländern ging es leichter. Trat damals schon eine Eigenheit des Wiener Charakters zu Tage? – Was er amal glaubt, dabei bleibt er (siehe politische Wahlen).

Da mußte schon ein Heiliger kommen, um diesem Volk Mores zu lehren. Er kam und hinterließ mit der ersten Christianisierung (bis zu seinem Tod 482) bis heute seine Spuren. 460 führte er mit der Abgabe des Zehent an den Klerus die erste Kirchensteuer ein.

Wien blieb kontinuierlich besiedelt und weiterhin ein unfaßbarer Schmelztiegel (siehe „Wiener Blut").

Archäologen legten durch Grabungen eine 2 Meter dicke römerzeitliche Kulturschichte frei, Abschluß mit durchgehender Brandschicht. Vernichtet wurde das Lager um 400, die Lagermauern blieben als Schutzwall bis ins Hochmittelalter bestehen.

Und da soll Karl der Große in Wien gewesen sein und ausgerechnet die Peterskirche (792) gegründet haben. Ein Denkmal an der Außenfront von 1906 weist auf diese Legende hin.

Keine Legende ist ein rührendes Detail aus der babenbergischen Heiratspolitik (976–1094). Durch die byzantinischen Heiraten kamen griechische Prinzessinnen nach Wien und sangen ihren Kindern das altgriechische Wiegenlied „HEUDE MOU PAIDION" (Schlafe, mein Kind) vor. Der Vergleich mit „EIA POPAIA" und später „aba heidschi bum beidschi" spricht tränende Bände.

Diese einfühlsame Adaptierung aus einem anderen Kulturkreis ist eine Seite des Volksempfindens und ein Denkmal der Empfindsamkeit.

Apropos Denkmal: Auf diesem Gebiet hat Wien einiges an Ungewöhnlichem, Kuriosem und Speziellem zu bieten!

An dem genannten Denkmal Karls des Großen seitlich der Peterskirche war ursprünglich folgende Inschrift angebracht: „Dem Gründer der OSTMARK und Stifter dieser Kirche!"

Anders sieht es aus mit Geistesgrößen! In runden Tafeln sind diese in großer Zahl an der Außenfront der Universität angebracht. Hier finden wir Solon, Galilei, Heraklid u. a., aber auch Justinianus, Karl d. Große, Moses und Petrus!

Eine besondere Rarität an Denkmälern war eines aus dem 18. Jahrhundert am Palais Trattner zu Ehren des Götz-Zitates. Da es abgebrochen wurde, mußte 1931 ein neues Monument in Form einer „Venus Kallipygos" am Goethehof angebracht werden. Ein Denkmal für das beliebteste Zitat der Wiener (und der Welt).

Seine Denkmäler hat sich der Wiener immer schon einiges kosten lassen. Das 1870 von Zumbusch errichtete Maria Theresia-Denkmal kostete 820.000 Gulden (für die Schiffahrt waren ein Jahresbudget von 700.000, den Unterricht und die Wissenschaft 1,200.000 verbraucht worden).

Das mit den meisten Wappen geschmückte Gebäude Wiens ist das „Directorium in Publicis et Cameralibus", auch „Böhmisch-Österreichische Hofkanzlei" genannt. Wappen der Kronländer und Herrscher zieren den zwischen 1710–1714 unter Fischer von Erlach erbauten

Komplex. Das Wappen Maria Theresias (s. Abbildung) ist ein Kuriosum an Einbezug größtmöglicher Aussagekraft in heraldischer Form. Erlaßmäßig wurde festgehalten, daß die Zimmer „für alle Hofräte" in „Behältnissen mit je zwei Fenstern" auszugestalten seien. Dafür wurde die drei Stockwerke einnehmende Theresienkapelle umgebaut.

Für diese waren von den Stiftern zum Unterhalt ein Kapital von 10.000 fl (Gulden) zu 5% Verzinsung angelegt worden. 6.000 fl sicherten den Unterhalt des Priesters, 4.000 fl wurden zur Pflege des „gewöhnlichen ewigen Lichtes" bestimmt.

1825 wurde übrigens eine Meißner Zentralheizung eingebaut und das Gebäude mit „geruchsfreien Aborten" (System „Lavasseur") versehen.

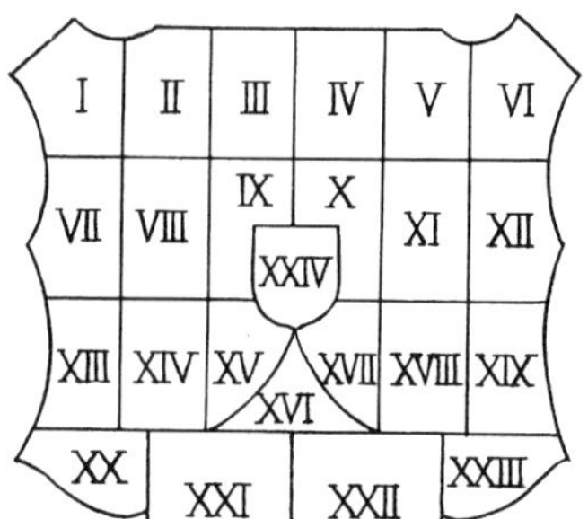

① „MARIA THERESIA"

I Kastilien/Leon
II Ungarn
III Böhmen
IV Dalmatien
V Kroatien
VI Slavonien/Bosnien
VII Burgund
VIII Schlesien
IX Brabant
X Lombardei
XI Steiermark
XII Kärnten/Krain
XIII Mähren
XIV Burgau
XV Gradiska
XVI ?
XVII Siebenbürgen
XVIII Habsburg
XIX Tirol
XX Jerusalem
XXI Lothringen
XXII Toskana
XXIII Bar
XXIV Österreich

Wo der Ofen nie ausgeht . . .

„A ORD'NTLICHE BACHEREI UND A G'MÜTLICHER HEURIGER – SOLANG WIR DAS HAB'N, GEHT'S UNS GUT!"

Dieser historische Ausspruch charakterisiert die „Grundnahrungsmittel" des echten Wieners. Er muß da irgendwie mit den alten Griechen verwandt sein, denn schon im alten Athen wurde der Gott des Weines Dionysos auch als Erfinder des Brotbackens verehrt. Bei den Umgängen der Dionysien wurden außer Weinprodukten auch große Schaubrote herumgetragen. Allerdings haben auch die Griechen sehr spät (und noch später die Bewohner unseres Raumes) richtiges, das heißt gegorenes Brot kennengelernt. Herodot und Xenophon geben um 400 v. Chr. ihrer Verwunderung und Begeisterung über gesäuerte Brote Ausdruck, die sie auf ihren Reisen kennengelernt hatten.

Brot ist allerdings ein uraltes Nahrungsmittel. Bereits auf ägyptischen Wandbildern sind Darstellungen des Backvorganges zu sehen, im Mittleren Reich um 1900 v. Chr. gab es bereits Backöfen. Allerdings handelte es sich um Fladenbrote, wie Untersuchungen gefundener Laibe aus dem Grab Tut-ench-Amons (1350 v. Chr.) und Ramses d. III. (1150 v. Chr.) ergaben.

In unserem Gebiet sind Fladenbrote schon in der Jungsteinzeit nachweisbar, Gärungsbrote jedoch erst lange nach Christi Geburt. Zahlreiche Darstellungen ritterlichen Lebens zeigen Fladenbrote, die als Tellerersatz unter die Speisen gelegt wurden sowie runde Brotlaibe, die wie die heutigen Bauernbrote die gängigsten Formen waren. Ausnahmen machten Brauchtumsgebäck wie Kindbett-Brot, Brautwerbegebäck, Gevatter-Brot und Seelenwecken (Totenbrote), in denen heidnische und christliche Elemente verschmelzen. Diese Formen hatten ihre Vorbilder im Herzbrot der alten Ägypter (zur Verlobung), Feigenbrot als Opfergaben für heilige Tiere, Fischbrot und Blumengebäck der alten Griechen u. a.

In einem modernen Bäckerei- und Konditorbetrieb wird diese Tradition weitergeführt. Krampus, Osterlamm und Adventstollen haben ihre Fortsetzung in den Kreationen auf Wunsch, die ihren extremen Ausdruck in Formen wie Telefone, Schallplatten und fantastisch verzierte Stocktorten finden. Brezeln erinnern an die Hochzeitsbrote des Mittelalters, die mit verschlungenen Ringen die Unauflöslichkeit der Ehe symbolisierten.

Diese Liste ließe sich beliebig fortsetzen. Sie

Der Traditionsbäcker mit einer Spezialität

fand auch im Wienerischen ihren Niederschlag. Der Ausdruck „Brotladen" für „Mund" ist hier allbekannt. Die „brotlose Kunst" steht dem aussichtsreichen „Brotstudium" gegenüber und dem Wiener darf man den „Brotkorb" ja nicht höher hängen.

Besonders den Bäckern in unserer Stadt wurde immer spezielle Aufmerksamkeit zuteil. Der Sage nach retteten sie durch ihre Aufmerksamkeit während der zweiten Türkenbelagerung Wien, indem sie durch Beobachtung von im Keller aufgestellten Trommeln (auf denen Würfel lagen) und Wasserbottichen deren Erschütterungen durch das Vorantreiben von Sprengstollen der Türken erkannten und durch Gegenminen die Feinde in ihren Stollen überraschen konnten.

Kein Berufszweig, mit Ausnahme der Weinhauer, erregt und bewegt sosehr das Herz der Wiener. Vom Bäckerschupfen bis zu Nestroys Kritik an den zu kleinen Semmerln, die ihm zwei Tage Gefängnis einbrachte, vom „Bäckerrummel" 1805 bis zur Getreideteuerung 1845 standen sie immer im Mittelpunkt des Interesses. Das tägliche Brot bewegte und bewegt die Menschen. Bäcker und Konditor haben – sofern sie den hohen Qualitätsansprüchen der Bevölkerung genügen – einen gesicherten Berufsstand.

Auch Edmund Weigl, 1962 in den gleichnamigen elterlichen Betrieb im 17. Bezirk hineingeboren, weiß dies aus eigener Erfahrung. In

Nachvollziehung der uralten Zunfttradition des Bäckereigewerbes begab er sich nach Beendigung der Lehrzeit auf Wanderjahre. Seine besonderen Interessen liegen im Konditorgewerbe und so verbrachte er eineinhalb Jahre bei der weltweit bekannten Firma Lindt und Sprüngl in Zürich, wo er die besten Lehrer der Schweiz in den Meistern Pfund und Notter fand. Daran schloß sich eine Wanderzeit im Salzkammergut, wo er im weltbekannten Weißen Rössl sein Können vervollständigte. Achtzehn Monate Schweden gaben den letzten Schliff, und so stand der Bäcker- und Konditormeisterprüfung nichts mehr im Wege. Um seine eigenen Energien zu verdoppeln, heiratete er am 18. April 1989 die Konditormeisterin Andrea Ott und übernahm mit ihr bereits am 2. Mai des gleichen Jahres die Traditionsbäckerei Wannemacher in der Sechshauser Straße 50 im 15. Wiener Gemeindebezirk. Dieser Betrieb wurde vor fünfzig Jahren gegründet. Das Niveau der Bäckerei zu halten, die Stammkunden in gewohnter Manier zufriedenzustellen, ist eine der Intentionen des jungen Meisters. Die zweite ist der forcierte Ausbau der Konditorei und hier wieder das besondere Eingehen auf die Wünsche des Wieners, der ja als Schleckermäulchen weltweit bekannt ist.

Erste Konsequenz war die Kreation seiner „Weigl-Haustorte", die neben den anderen Spezialitäten immer mehr Genießer in die angeschlossene Konditorei zieht. Für Feste und Feiern wird – wie bereits kurz angedeutet – jeder Form- und Geschmackswunsch erfüllt. Die fast ausgestorbene Kunst, handgeformte Zuckerblumen herzustellen, ist ebenso sein Metier wie die Formung von Figuren aus geblasenem Zucker.

Der bereits erwähnte Ausdruck „Bacherei" ist ja sinngemäß der Sammelbegriff für alle Erzeugnisse des Zuckerbäckers. Die Verbindung von Bäckerei und Konditorbetrieb ist nur logisch. Die Brücke schlagen hier Süßspeisen wie Semmelpudding, Brotpudding, Brottorte, Bröseltorte und Broteis.

Liegen auch die Schwerpunkte der Firma Weigl-Ott auf anderen Gebieten, ist durch die Vielseitigkeit des vitalen Chefehepaares die Führung der beiden verwandten Branchen in besten Händen und ein Garant dafür, daß die Brot- und Konditorszene Wiens in ihrer jahrhundertealten Formung fortgeführt und mit neuen Akzenten angereichert wird.

Andrea und Edmund Weigl

Bunte Mischung

Der Wiener ist sprunghaft, launisch, an allem interessiert, aber ohne Übermaß an Ordnungssinn. Die nun folgende Zusammenstellung an Wiener Spezialitäten aus Vergangenheit und Gegenwart soll dieser Mentalität entsprechen und ein buntes Durcheinander liefern, das aber als fundierte Wahrheit Klärungen für Diskussionen oder Aha-Erlebnisse, wie der Psychologe sagt, bringen soll.

Nicht nur Josef Haydn (Oxford), Johannes Brahms (Hamburg) und Anton Bruckner (Wien) erhielten als besondere Auszeichnung den Doktorhut „honoris causa" (der Ehre wegen). Sie alle wurden übertroffen von der geborenen Gumpendorferin Fanny (Franziska) Elßler, zu deren Ehrung in London eigens (und nur an sie verliehen) ein „Doktor der Tanzkunst" geschaffen wurde.

Der höchste Titel wird heute noch der Erzherzogin von Österreich, Königin von Böhmen und Ungarn etc. zugestanden. Die „Kaiserin" M. T. ist unausrottbar, obwohl sie keinem Reich mit der Oberhoheit eines solchen Titels vorstand (Österreich wurde erst 1804 Kaiserreich). Aber sie erbte diesen Titel von ihrem Mann Franz Stephan von Lothringen, der zum Deutschen Kaiser gewählt wurde.

Maria Theresia ging es so wie heute noch jeder Frau, die Ehegattin eines Professors, Doktors, Hofrates oder Hausmeisters ist. Auch sie ist dann die Frau Doktor etc. Ein Phänomen, das in umgekehrter Richtung von Frau zu Mann undenkbar wäre.

Der Höhepunkt der österreichischen Titelungetümer erscheint auf einem Dokument aus dem Jahr 1910, das einen „Kaiserlich und Königlichen Einjährigfreiwilligenkorporaltitularzugsführerkadettoffiziersstellvertreter" (er-)nennt.

Für Eßfetischisten oder Speisemasochisten sei hier ein Speisezettel für die FASTENZEIT aus dem Wiener Schottenkloster angeführt (ca. 1860):

1. Krebs-Ragout-Suppe.
2. Faschirte Austern.
3. Butter und Rettig.
4. Gebackener Aal mit kalter Senfsauce.
5. Blätter-Eierspeise.
6. Erdäpfel-Kroketten.

7. Faschirte Karpfen.
8. Rohrhühner-Cotelettes mit fines herbes.
9. Grundeln mit Roggenkraut.
10. Mandel-Maccaroni-Soufflé.
11. Gebratener Hausen.
12. Sulz von Limonien.
13. Schaum-Torte.
14. Kleine Bäckerei.

Für nun Neugierige, was in dieser Klosterküche zu „normalen" Zeiten geboten wurde, sei ebenfalls eine Menüfolge angeführt, welche die Askese des Fastenspeisezettels plausibel erscheinen läßt:

1. Braune Suppe mit Hühner-Fasch-Roulade.
2. Wälscher Salat.
3. Westfäler Schinken mit Aspik.
4. Kalte Hühner mit Mayonnaise.
5. Fricassirte Lamms-Cotelettes gebacken mit Papillotes.
6. Gedämpfes Fleisch, garnirt mit Gemüse und glacirte Kälber-Filets mit Schüsauce und Spatrie.
7. Glacirte Hirsch-Ziemer mit Ribiselsauce.
8. Weißes Ragout.
9. Salmi von Rebhühnern in Polenta-Reifen.
10. Carfiol mit Buttersauce und Crotons.
11. Trüffel-Pastete mit Aspik.
12. Rehrücken mit gestürztem Compot.
13. Poulard mit Salat.
14. Orangen-Kren mit spanischem Wind.
15. Vanille mit Erdbeerschaum in Biscuitkruste.
16. Sulz von Maraschino.
17. Pariser Stangeln.
18. Feines Gebäck.
19. Gefrornes.

Drei Rezepte aus diesen Leckereiensammlungen sollten nicht vorenthalten werden:

Schildkröten abgekocht

Man legt der Schildkröte eine glühende Eisenplatte auf den Rücken, wo sie dann die Füße und den Kopf zum Vorschein bringt; diese hackt man sogleich ab. Nun wird die Schildkröte öfters in lauwarmes Wasser gegeben, um das Blut völlig abzusondern, wonach man sie mit kaltem Wasser zustellt, salzt und durch eine Stunde kochen läßt.

Wenn sie abgekocht ist, wird die Schale sammt der Haut abgelöst, die Galle aus der Leber sowie das Eingeweide behutsam ausgenommen und das Fleisch in 4 Theile zerschnitten. Hat man dann in einer Kasserole Zwiebeln, Wurzelwerk und Champignons in Butter etwas anpassirt, mit der ausgekochten Schildkröten-Suppe aufgegossen und aufkochen gelassen, so wird selbes abgeseiht, damit eine Buttersauce abgerührt und mit etwas Muskatnuß noch einmal aufkochen gelassen. Diese Sauce wird dann über die zertheilte Schildkröte gegeben.

Wälscher Salat

1 Stück Häring, 1 eingelegter Aal, mehrere Sardellen, 1 Rheinlachs und 1 Thunfisch werden sehr rein geputzt, in nette Stücke geschnitten und zierlich auf einer Schüssel angerichtet. Hat man auch einige Sardinen beigelegt, so wird es dann mit Oliven, französischen Kappern, Meerkrebsen und gehacktem Aspik verziehrt und als Assiette gegeben.

Bier-Suppe

In einem Topf werden 4 Eierdotter und einige Löffel voll Obers eingerührt und in selbes 1 Liter Bier, welches man mit 7 Dekagr. Zucker und 1 Stück Zimmt verkochen läßt, eingesprudelt.

Der Wiener ist zärtlich. In seiner Sprache spielen das Diminutiv – die Verkleinerungsform – und zärtliche Umschreibungen die größte Rolle.

Er trinkt keinen Wein, sondern ein Weinderl. Henderl, Schnitzerl, Kaffeetscherl und Semmerl entspringen dem gleichen Bedürfnis, Lieblingsspeisen in sein ihm eigentümliches Idiom einzuverleiben.

Hinter seinem geliebten „Hunderl" verbirgt sich oft ein Dobermann oder Schäferhund, sein angebetetes Weiberl bringt nicht zu selten 100 Kilo auf die Waage. Die Endung „-erl" ist ein untrügliches Kennzeichen für das Wienerische. Flitscherl (leichtes Mädchen), Pferderl (auch Pferterl, Strichmädchen eines Zuhälters), Krepiererl (schmächtige Statur), Bauxerl (vom lat. pauxillius – Kind, hier hilfsbedürftiges Kind), Botschamberl (Nachttopf, vom franz. Pot de chambre) und Futzerl (kleiner Rest, vom ital. futile – geringfügig) gehören – als einige wenige Beispiele in dieses Listerl.

Knapp, bezeichnend und dennoch liebevoll, nie grob oder derb, sind die Bezeichnungen für öffentliche Einrichtungen oder diverse Bauwerke. Der Stephansdom wird nie als „Dom" höchstens als Kirche, meist als „Steffl" bezeichnet (vom Diminutiv „Steff-erl"!). Die Straßenbahn heißt nach ihrem Klingelton „Bim", die unter Bürgermeister Franz Jonas (später Bundespräsident und Dr. h. c.) in runder Form erbaute Straßen- und U-Bahn-Station gegenüber der Universität ging als „Jonas-Reindl" in die Geschichte ein.

In der Einbeziehung von fremdsprachlichen Begriffen in den Wiener Dialekt ist eine wahre Meisterschaft erreicht worden. Die folgende Auswahl soll einen Einblick in eine Mentalität geben, der nichts Menschliches und Ausländisches fremd ist (frz. = französisch, mhd. = mittelhochdeutsch, hebr. = hebräisch, ahd. = althochdeutsch, jüd. = jüdisch, jiddisch; lat. = lateinisch, it. = italienisch, tschech. = tschechisch, ung. = ungarisch, griech. = griechisch, holl. = holländisch, türk. = türkisch). Die zahlreichen, dem Jiddischen, Wälischen und Zigeuneridiomen entnommenen Begriffe der Gaunersprache wurden nicht berücksichtigt! (Siehe Wehle – Die Wiener Gaunersprache!) Begriffe alphabetisch geordnet!

aschasseln a(bi)schassln – frz. chasser = jagen (schnell abfertigen)
abmurksen – nhd. murken (töten)
abpaschen – hebr. pasah (überschreiten) weglaufen
Alzerl (Kleinigkeit) – ahd. atzel (Bröckelchen)
Bagasch (Gesindel) – frz. bagage (Dienerschaft mit dem Gepäck)
Bamb(p)erletsch (schreiendes Kind) – it. bambeleggio (Kind)
Baunzerl (2geteilte Semmel) – lat. panicillus, it. pancino (Brötchen)
Bauxerl (hilfsbed. Kind) – lat. pauxillius (Kind)
Beisl – jüd. Haus
biberln (pipperln) trinken – lat. bibere, trinken
dasig (eingeschüchtert) – mhd. daesic = nicht redegewandt
dudln (dahinsingen) – tschech. dudlati (jodeln)
eintitschen (einschlagen) – tschech. tyc (Schlag)
Ezzes (Ratschläge) – jüd.
Feitl (stumpfes Messer) – mhd. fitelen (säbeln)
Fettn (Drall des Balles) – frz. effette (Drehung, Wendung)
firm (bewandert) – lat. it fermo (fest)

Fisamatenz(e)n (Flausen) – it. fisisma (Marotte, Laune)
Fleanschn (verzogener Gesichtsausdruck) – mhd. vlans = Maul
Fotz (häßlicher Mund) – mhd. fatz = Fratze
gaach (jäh) – mhd. gach – sofort
gacken (kaken) – lat. cacare, it. cacare, tschech. kakati u.a.m.
Ganef (Dieb, Gauner) – jüd.
Gatehosen (männl. Unterhose) – ung. gatya
Gatsch (Schmutz) – tschech. kaše
Gaude – Gaudium – lat. Gaudeamus (wir freuen uns)
Germ (Hefe) – lat. germen – Keim
Gfrett (Mühsal) – von fretten (abmühen) mhd. vrat (quälen)
Gnack (Genick) – mhd. Knock
Golatschn (kleiner Kuchen) tsch. Kolać
Gspusi (Liebelei) – it. sposi (Verlobung)
Gstanzl (Vierzeiler) – it. stanza = Gesang
Haberer (Freund) – jüd. chawe = Freund
Haidi pupaidi – griech. „heude mu paidon, heude mu pai“ (Schlafe mein Kindchen, schlaf) davon auch „haidigehen“ (schlafengehen) (siehe auch „Geschichtliche u. a. Geschichten“)
happern (mangeln) – holl. haperen (fehlen)
Jux (Spaß) – lat. jokus
karniefeln (quälen, sekkieren) – lat. carnifex = Henker, Peiniger
Katzlmacher (Italiener) – nicht nach „Katze essen“ sondern nach cascia (Polenta)
kiefeln (abnagen) – mhd. kifeln (kauen)
Köter (unansehnlicher Hund) – ung. kuyta = Hund
kreuzdiwidomini (Fluchwort) – lat. laus tibi Domini = Lob sei dir, Herr
Kuchl (Küche) – lat. cucula
kusch (ruhig sein) – franz. coucher (schlafen)
Larifari (leeres Geschwätz) – lat. fari = sagen
laschieren (faulenzen) – frz. lässig
lepschi (davonschleichen) – tschech. lepsí = Bekanntschaft suchen
Maße (Glück) – jüd. maßl = Glück
Menasch (milit. Essen) – frz. menage = essen
Palatschinke – ung. Palacsinta
Papperl (Brei für Kinder, Essen) – it. pappa = Brei
Pferscher (Pfirsich) – mhd. pfersich
pfutsch oder futsch (weg) – it. fuggire = fliehen
pomali (langsam) – tschech.
Prater – lat. pratum = Wiese
Remasuri (Wirbel) – ital. remassare = sammeln, häufen
Ruachler (Nimmersatt, Überehrgeiziger) – mhd. ruechen = raffen
Schakl (Hilfsdiener) – frz. Jacques, häufiger Dienername
Schani = Jean
Schenierer (Scham) – frz. gene = Zwang
Schmäh (Trick, Finte) – griech. chimäre = Trugbild
schofel (schäbig) – jüd. geizig
soachen (urinieren) – mhd. seichen = harnen
štampern (wegjagen) – it. stamburare = trommeln
stierln (stochern) – mhd. stüren = stöbern
Tollpatsch (ungeschickter Mensch) – ung. talpas
Votz (vulgär für Vagina) – mhd. fott, vut = dicklippig
Watschn (Ohrfeige) – mhd. watze
winnich (begierig) – mhd. winnec = rasend
Wuchtel (Buchtel) – aus dem tschech.; im persischen Gebäck namens puchta!

Wir danken folgenden Unternehmen:

Uhren – Juwelen Gerhard BACH
1060 Wien, Gumpendorfer Straße 82,
Telefon 597 45 97

Fotostudio W. BICHLER
1160 Wien, Thaliastraße 33, Telefon 96 91 51

Gasthof Goldgrube
K. u. Th. BERGER Ges.m.b.H.
5661 Rauris, Bucheben 140,
Telefon 06544/81 29

Radio CHRONOTON
1060 Wien, Mariahilfer Straße 77–79,
Telefon 93 24 22

Einrichtungshaus Odo DVORAK
1160 Wien, Haberlgasse 56, Telefon 42 61 40

EMI Columbia Austria Ges.m.b.H.
1060 Wien, Webgasse 43, Telefon 599 89-0

Kohlensäurewerk C. FRANZEL & Söhne
1190 Wien, Muthgasse 62, Telefon 37 32 86-0

Feinfischspezialitäten Hella GRUBER
1040 Wien, Naschmarkt 31–36,
Telefon 56 32 73

Lehrmittel HENKEL
1150 Wien, Hanglüßgasse 4, Telefon 83 75 56

Installationsunternehmen Helmut HIETZ
1060 Wien, Magdalenenstraße 15,
Telefon 587 21 24

MUSIK DIREKT
1060 Wien, Postfach 372

Ballettschule Marta PLAMENAC
1070 Wien, Mariahilfer Straße 66/7,
Telefon 96 40 60

Geigenbauwerkstätte Herbert RAHS
1060 Wien, Mariahilfer Straße 89a/34,
Telefon 56 78 07

Tanzschule SCHMIDTSCHLÄGER,
Inh. Franz Wirtinger
1070 Wien, Mariahilfer Straße 8,
Telefon 93 36 71

Café SPERL
1060 Wien, Gumpendorfer Straße 11,
Telefon 56 41 58

Beh. konz. Kontaktlinsenoptiker Ewald VOGEL
1160 Wien, Ottakringer Straße 188,
Telefon 45 15 82

Bäckerei WEIGL
1150 Wien, Sechshauser Straße 50,
Telefon 83 66 78